Die Gemüsebäckerei

Brot und Kuchen mit Zucchini, Grünkohl und Co.

LINA WALLENTINSON

Fotos: Lennart Weibull

LV.Buch

INHALT

Grüne Baguettes und rosa Brötchen

Mehr Farbe und Geschmack mit Gemüse im Teig

Ich habe schon immer gern gebacken. Aber ich bin schrecklich neugierig und ändere Rezepte gern ab, um meine eigenen Varianten zu kreieren. Vor zwei Jahren kam dabei ein Buch über das Backen mit Bohnen heraus. Von da war es nur noch ein kleiner Schritt, auch mit anderen Gemüsen zu backen. Wäre es nicht toll, grüne Baguettes mit Zucchini oder sonnengelbe Brötchen mit geriebenen Süßkartoffeln zu servieren? Und Rote Bete müssten eigentlich perfekt zu Schokolade und Kaffee in einem leckeren Keks passen ... Schnell fand ich mich in der Küche wieder und fing an, zu experimentieren. Das Ergebnis halten Sie jetzt in Ihren Händen.

Backen mit Gemüse – warum?

Diese Frage hörte ich bei der Arbeit zu diesem Buch häufiger.

Ich drehe diese Frage gern um: Warum sollte man nicht mit Gemüse backen? Bei all dem Schälen, Reiben, Ausrollen und Backen habe ich das Ganze mehrmals überdacht. Und hier ist mein stärkstes Argument!

MEHR GRÜN FÜR DIE MENSCHEN – DAS EWIGE ARGUMENT MIT DER GESUNDHEIT

Ernährungsempfehlungen kommen und gehen wieder, eines hat jedoch Bestand. Nämlich der Rat, viel Gemüse zu essen. Die meisten von uns kommen nicht auf die fünf Portionen Obst und Gemüse täglich, wie sie von der Deutschen Gesellschaft für Ernährung empfohlen werden. Ich müsste lügen, wenn ich behaupten würde, das ließe sich lösen, wenn man mit Gemüse backt. Aber ich liebe die Idee, das Viele im Kleinen zu backen. Ein bisschen Möhre im Frühstücksbrötchen, etwas Rote Bete im Knäckebrot am Mittag und ein paar Kichererbsen im Abendbrot. Und wenn Sie Gemüse im Haus haben, mit dem Sie backen, inspiriert Sie das vielleicht auch, andere Gerichte damit zu kochen?

RESTE VERWERTEN

Sollten wir Reste entsorgen oder aufessen? Heute eine ganz normale Frage. Noch vor einigen Jahrzehnten wäre diese Frage vermutlich auf Unverständnis gestoßen. Wer wäre auf die Idee gekommen, etwas wegzuwerfen, das er gesät, aufgezogen, geerntet und zubereitet hat?

Gleichzeitig wurde zu Hause völlig anders gebacken, als wir es heute machen. Und sicher landete ein Teil der Reste im Brot. Statt ein paar Löffel Erbsensuppe oder gekochte Kartoffeln zu entsorgen, wurden sie genau wie Breireste in den Teig gemischt. Sind wir erst in letzter Zeit so eingleisig geworden? Brot darf nur Mehl, Teigmasse und ein Treibmittel enthalten, fertig!

SPINATGRÜN UND KÜRBISORANGE – MEHR FARBE UND GESCHMACK

Das Rosa von Roter Bete, Spinatgrün und Kürbisorange ... Backen mit Gemüse bedeutet auf jeden Fall mehr Farbe im Alltag. Man muss allerdings zugeben, dass diese Farben am schönsten sind, solange sich Brot, Brötchen und Kuchen im ungebackenen Zustand befinden. Dann ist die Farbe am intensivsten. Beim Backen verblasst sie etwas. Schön ist sie aber immer noch, wenn auch auf reserviertere Art.

Vom Aroma her ist man beim Backen mit Gemüse absolut auf der Gewinnerseite. Die Süße der Möhren oder Süßkartoffeln, die kräftige Nussigkeit von Sellerie oder die Säure der Tomaten ... Meist kann man die milden Nuancen eher ahnen, als dass sie dominieren.

Ein weiterer Pluspunkt besteht darin, dass Brot und Gebäck durch den Flüssigkeitsgehalt der Gemüse schön saftig werden.

Backen mit Gemüse – Tipps

Bestimmte Gemüse sind zum Backen geeigneter als andere, das ist einfach so. Wurzelgemüse wie Möhren, Kartoffeln, Süßkartoffeln und Rote Bete sind mit ihren milden Aromen und der festen Konsistenz geradezu prädestiniert, in einem Teig zu landen. Und natürlich Bohnen, Erbsen und Linsen. Sie verhalten sich eher nach dem Prinzip der „unsichtbaren Wirkung". Sie schenken dem Gebäck Ballaststoffe und Saftigkeit, aber kein spezielles Aroma. Aber auch mit stark wasserhaltigen Gemüsen wie Zucchini und Kürbis kann das Backen gut gelingen. Es ist nur wichtig, die Menge an Flüssigkeit im Rezept anzupassen und sie manchmal sogar ganz wegzulassen, z. B. in Knäckebrot. Hier kann man stattdessen mehr geriebene Möhren oder Süßkartoffeln verwenden.

Hier kommen einige Tipps für die Gemüse, mit denen das Backen meiner Erfahrung nach am besten gelingt. Ich habe versucht, von den gängigsten Gemüsen auszugehen, sodass der Einkauf nicht kompliziert oder teuer sein muss.

WURZELGEMÜSE

Wahre Helden, wenn es ums Backen geht. Oft schmecken sie in ihrer Bescheidenheit am besten, wenn man sie fein in den Teig reibt.

Bei Wurzelgemüse denkt man meist sofort an Möhren, und das zu Recht. Mit ihrer schönen Farbe, der Süße und dem milden Aroma sind sie flexibel und passen zu allem, angefangen von Brot und Knäcke bis hin zu Energiebällchen und Biskuitrolle. Wenn man die Süße intensivieren möchte, können Möhren vorgebacken werden. Dann werden sie süßer und schmecken intensiver, weil ein Teil der Flüssigkeit im Ofen verdampft. Dann zu Püree mixen und unter den Teig heben.

Rote Bete ist mit ihrem stumpfen, leicht erdigen Aroma etwas spezieller. Ich finde, sie passt ausgezeichnet zu Roggenmehl oder Roggenflocken in Brötchen und Brot. Etwas Würze von Fenchel, Kümmel oder Anis ist auch nicht verkehrt. In süßem Gebäck harmoniert die Rote Bete wunderbar mit kräftigen Aromen wie Kaffee oder Schokolade. Ich reibe rohe Rote Bete meistens fein, wenn Sie es aber milder lieben und eine glattere Konsistenz möchten, z. B. in Kuchen, können die Wurzeln auch gekocht verarbeitet werden. Sie können die Rote Bete im Rezept auch gegen gelbe Rüben oder Ghiogga-Rüben austauschen, auch wenn der schöne Farbeffekt dann verloren geht. Die Farbe der Roten Bete verblasst beim Backen. Auch wenn der Teig eine herrliche, schockrosa Farbe hat, wird das Brot eher verhalten rostrot.

Die Pastinake ist der Möhre in Bezug auf die Süße sehr ähnlich, hat aber ein würzigeres Aroma. Sie enthält mehr Ballaststoffe, hat eine derbere Struktur und verführt kaum jemanden dazu, sie roh zu verspeisen. Sie passt aber roh gerieben toll in Brot und Brötchen. In süßem Gebäck können Möhren ausgezeichnet gegen Pastinaken ausgetauscht werden, besonders wenn auch Gewürze wie Zimt, Kardamom und Ingwer im Spiel sind.

Kartoffeln sind beim Thema Backen der Klassiker schlechthin. Weil geriebene Kartoffeln schnell oxidieren und dann braun werden, ist es besser, wenn man sie gekocht und abgekühlt verarbeitet. Brot und Brötchen bleiben durch Kartoffeln länger saftig. Auf der süßen Seite ist der schwedische Kronans Kaka mit geriebenen Mandeln und gekochten Kartoffeln ein Klassiker.

Süßkartoffeln ähneln Kartoffeln von ihrer Konsistenz, haben aber natürlich ein süßeres Aroma. Sie können zum Backen roh verarbeitet werden, weil sie

nicht oxidieren und braun werden wie normale Kartoffeln. Kochen ist auch eine Option, aber am besten backt man sie im Ofen, weil sie dann einen Teil ihrer Flüssigkeit verlieren und der Geschmack intensiver wird.

Sellerie mit seinem kräftigen Charakter leicht hin zur Süße ist ein bisschen spezieller. Beim Kochen wird er oft in Eintöpfen, Brühen und Suppen verarbeitet, denen er Tiefe und Fülle verleiht. Und so in etwa funktioniert es auch beim Backen: Brot verleiht er Würze, er macht sich aber auch in süßem Gebäck nicht schlecht. Sellerie kann roh oder gekocht verarbeitet werden. Im Ofen gebacken, erhält er ein milderes Aroma mit intensiverer Süße. Weil Sellerie viel Geschmack hat, finde ich ihn für Brot und Knäcke mit Roggenmehl sehr lecker, gern gewürzt mit Fenchel, Kümmel und Anis.

Natürlich gibt es viele weitere Wurzelgemüse, die ich hier nicht aufgenommen habe. Statt Möhren oder Pastinaken kann man Petersilienwurzeln sehr gut in den Rezepten verwenden. Steck- oder Kohlrüben haben einen „kohligen" Duft, der nicht unbedingt angenehm ist. Daher finde ich sie für Brot und Brötchen nicht so geeignet. Aber gemeinsam mit Gewürzen wie Ingwer, Muskat, Zimt und Kardamom passen sie überraschend gut in süßes Gebäck. So können Möhren im Möhrenkuchen problemlos durch Steckrüben ersetzt werden. Topinambur mit seinem süßen Aroma wird am besten im Ofen gebacken und dann zu Püree gemixt, bevor man ihn in den Teig mischt.

KOHLSORTEN

Die meisten Kohlsorten verhalten sich beim Backen ein bisschen knifflig. Der spezielle Duft kann in Brot und Gebäck schnell dominant werden. Aber es gibt natürlich eine Ausnahme. Grün- und Schwarzkohl, auch Palmkohl genannt, können gut mit dem Teig gemischt und zu Brot verarbeitet werden. Ich finde es praktisch, tiefgefrorenen Grünkohl als Vorrat zu haben. Auch wenn er bereits gehackt ist, mixe ich ihn trotzdem, damit er sich feiner verteilt. Bei Rezepten mit Spinat kann dieser gut gegen Grün- oder Schwarzkohl ausgetauscht werden.

SPINAT UND SALAT

Frischer oder tiefgefrorener Spinat lässt sich sehr gut in Brot und Brötchen verarbeiten. Ich mixe den Spinat ganz einfach mit dem Teig, bevor ich die anderen Zutaten hinzufüge. Der Teig bekommt dann eine herrlich grüne Farbe. Leider verblasst die intensive Farbe im Ofen, Brot und Brötchen sind heller als der Teig. Spinat verleiht dem Gebäck nicht viel Geschmack und gerade bei Brot halte ich das für einen Vorteil. Natürlich kann man den Spinat gegen anderen Salat austauschen. Am liebsten mit mildem Aroma, zum Beispiel Feldsalat oder Romana-Salatherzen. Salat, der eher in die bittere Richtung geht, wie Rucola, ist für Brot nicht so geeignet. Aber das ist natürlich Geschmackssache.

ZUCCHINI UND KÜRBIS

Mit ihrem milden Aroma sind Zucchini und Kürbis ausgezeichnet zum Backen geeignet, für Brot und süßes Gebäck. Für Gärtner, die selbst anbauen, ist das oft eine willkommene Alternative, weil die Ernte oft riesig ausfällt. Die Zucchini kann direkt in den Brotteig gerieben werden. Abhängig von ihrem Wassergehalt kann es nötig sein, Teig- und Mehlmenge anzupassen. Kürbis kann roh gerieben verarbeitet werden, schmeckt aber noch besser, wenn man ihn erst in kleinen Stücken im Ofen gart. Das Aroma wird intensiver, etwas Flüssigkeit verdampft und die Süße wird betont.

TOMATEN

Frische Tomaten in allen Ehren, aber gerade zum Brotbacken sind passierte Tomaten geeigneter. Die Tomaten dienen einfach als Ersatz für die Flüssigkeitszugabe zum Teig. Das Brot wird schön rostrot und bekommt ein mildes Tomatenaroma. Vielleicht nicht unbedingt ein Brot, das man zum Frühstück isst, aber zur Suppe oder zum Eintopf ist das Tomatenbrot eine sehr leckere Überraschung. Gern mit typischen Kräutern wie Oregano, Basilikum, Thymian und Rosmarin würzen.

BOHNEN, ERBSEN UND LINSEN

Gekochte Bohnen im Teig sind einfach großartig. Brot und Brötchen werden saftig und reich an Ballaststoffen, ohne auch nur eine Spur nach Bohnen zu schmecken. Gekochte Kichererbsen und Linsen sind genauso geeignet.

Grüne Erbsen lagern immer in meinem Gefrierschrank, auch sie sind toll im Gebäck. Einfach auftauen und in den Teig mixen. Brötchen und Brot sind nicht so irrsinnig grün wie der Teig, aber die feine grüne Süße der Erbsen bleibt erhalten. Grüne Erbsen im Pfannkuchenteig sind auch einfach lecker. Bei etwas geringerer Hitze backen, dann bleibt die Farbe besser erhalten. Wenn Sie den Pfannkuchen-Boost nicht so offensichtlich zeigen möchten, schmuggeln Sie weiße Bohnen und Kichererbsen in den Teig.

Linsen, die über Nacht eingeweicht wurden, können unter den Brotteig gehoben werden. Sie verleihen dem Brot schönen Biss, ungefähr so wie Körner. Wenn Sie einen empfindlichen Magen haben, können Sie die Linsen einige Minuten kochen, bevor sie in den Teig kommen.

Weitere Zutaten

In diesem Buch finden Sie Rezepte mit und ohne Gluten. Wir essen bei mir zu Hause meist glutenfrei, weil meine älteste Tochter glutenintolerant ist. Allgemein bin ich keine Vertreterin der kompletten Glutenfreiheit, wenn sie nicht unbedingt nötig ist.

Die glutenhaltigen Getreidesorten Weizen, Roggen und Gerste enthalten in Form ganzer Körner, also als Vollkorn, viel Gesundes. Werden Keim, Schale und Mehlkörper entfernt, geht das auf Kosten der wertvollen Fasern und Mineralien. Ich versuche, in den Rezepten möglichst Vollkornmehl im ausgewogenen Verhältnis zu gesiebtem Weizenmehl, Dinkelmehl und Roggenmehl zu verwenden. Die gesiebten Mehlsorten machen das Brot nämlich luftiger.

Dinkel ist eine Weizensorte, die ich sehr schätze. Sie hat etwas mehr Geschmack und Farbe als normaler Weizen. Dinkel ist als Vollkornmehl oder als gesiebte Variante erhältlich. Es kann aber natürlich durch übliches Weizenmehl ersetzt werden. Grahammehl ist ein Vollkornmehl aus normalem Weizen. Weizen und Roggen werden bei uns häufig angebaut und sind daher regional.

Auch Hafer verwende ich gern in meinen Rezepten. Er zählt zu meinen persönlichen Favoriten. Vielleicht überraschend, aber bei Haferflocken oder -mehl handelt es sich um ein Vollkornprodukt. Hafer verleiht vielen Broten und auch süßem Gebäck einen milden, nussigen Geschmack. Hafermehl kann ganz leicht selbst hergestellt werden, indem man Haferflocken einige Minuten in einem Mixer mixt. Wenn Sie Gluten streng vermeiden müssen, greifen Sie zu reinem Hafer. Er enthält kein Gluten, aber weil er in der Umgebung von Weizen, Roggen und Gerste angebaut und verarbeitet wird, kann er mit Gluten in Kontakt kommen.

Bei den glutenfreien Rezepten verwende ich außer Hafer eine Reihe anderer Mehlsorten. Teff oder Zwerghirsemehl ist ein dunkles Vollkornmehl mit kräftigem Aroma und leichter Säure. Durra aus einer afrikanischen Hirseart ist ebenfalls ein Vollkornmehl mit fülligem Aroma. Buchweizen ist das klassische Mehl für die französischen Galetten mit Kartoffeln. Es hat einen recht kräftigen Geschmack mit leichter Grasnote und Bitterkeit. Ich mische Buchweizen gern mit anderen, milderen Mehlsorten. Bei Reismehl handelt es sich um eine gesiebte Mehlsorte mit neutralem Aroma. Das gilt auch für Maismehl, das jedoch eine etwas gelbere Färbung zeigt. Maisstärke ist ein noch weiter gesiebtes Produkt, hier ist alles bis auf die Stärke entfernt. Kartoffelmehl hat ähnliche Eigenschaften und ist reine Stärke. Maisstärke und Kartoffelmehl sind geschmacksneutral und in meinen Rezepten in der Regel austauschbar.

Ich verwende zum Backen frische Hefe, mit Trockenhefe gelingen die Gerichte aber genauso gut. Viele der glutenfreien Rezepte enthalten Flohsamenschalen, gemahlene Psylliumsamen, die zur Bindung von Flüssigkeit dienen. Ich nehme fein gemahlene Flohsamenschalen.

Gemüse enthalten unterschiedlich viel Flüssigkeit. Das ist von der Anbauart, Lagerung, Lagerdauer und anderen Faktoren abhängig. Deshalb kann es nötig sein, mehr Mehl oder Flüssigkeit zum Teig zu geben. Allgemein sind die Teige im Buch aber eher vom lockeren Typ. Mit einer geringeren Menge Hefe, lockerem Teig und etwas längerer Gehzeit ist keine weitere Bearbeitung nötig. Backen auf clevere Art!

Alle Rezepte werden bei Ober-/Unterhitze gebacken.

Superleicht

EINFACHE BRÖTCHEN

Rote-Bete-Brötchen mit Roggen

Roggen und Rote Bete lieben einander, hier als leicht zu backende Brötchen mit kräftigem Aroma. Den Teig am Abend mischen und im Kühlschrank langsam gehen lassen. Soll es einmal schneller gehen, einfach die Hefemenge verdoppeln und stattdessen zwei bis drei Stunden bei Zimmertemperatur gehen lassen.

ca. 20 kleine Brötchen

12 g Hefe
400 ml kaltes Wasser
165 g Roggenvollkornmehl
300 g Weizenmehl
1 TL Salz
1 EL Olivenöl
80 g Rote Bete, fein gerieben

Zubereitung:

1. Am Vorabend: Hefe in einer Schüssel in Wasser auflösen. Roggenvollkornmehl, Weizenmehl spezial, Salz und Öl hinzufügen, zu einem glatten Teig verarbeiten. Die geriebene Rote Bete unter den Teig heben, sodass sie gleichmäßig verteilt wird, am besten mit einem Teigschaber. Der Teig sollte ziemlich klebrig sein.
2. Den Teig über Nacht (ca. 10 Stunden) im Kühlschrank gehen lassen.
3. Am Morgen: Ofen auf 250 Grad vorheizen. Ein Blech in den Ofen schieben, sodass es heiß wird.
4. Teig auf eine mit Roggenmehl bedeckte Arbeitsfläche legen. Nicht kneten. Mit einem Teigschaber in ca. 20 Stücke teilen. Die Stücke paarweise auf Backpapier legen.
5. Das heiße Blech aus dem Ofen nehmen, das erste Backpapier mit den Brötchen auf das Blech schieben. Im Ofen bei mittlerer Einschubhöhe 10 – 12 Minuten backen. Die Brötchen sollten eine schöne Farbe annehmen. Auf einem Gitter abkühlen lassen. Mit dem zweiten Backpapier voll Brötchen wiederholen. Die fertig gebackenen Brötchen können gut eingefroren werden. Dann einfach aus dem Gefrierschrank nehmen und zum Frühstück aufbacken!

Möhrenbrötchen zum „Klecksen"

Leichter geht es wirklich nicht! Der Teig sollte richtig locker sein, dann bekommen Sie fluffige Brötchen mit knuspriger Kruste und luftigem Inneren. Den Teig am Abend vorbereiten und die Brötchen am Morgen auf das Blech „klecksen". Weil der Teig bei Zimmertemperatur geht, benötigen Sie nur eine winzige Menge Hefe.

ca. 20 kleine Brötchen

3 g frische Hefe (etwa erbsengroß)

300 ml Wasser

110 g Dinkelvollkornmehl oder Grahammehl

210 g Weizenmehl

1½ TL Salz

60 g Möhren, frisch gerieben
gemischte Körner (Sonnenblumenkerne, Sesam oder Mohn)

MÖHRENHUMMUS

500 g Möhren schälen und in 1 cm dicke Scheiben schneiden. In eine ofenfeste Form geben, 2 EL Olivenöl darüberkringeln. Bei 225 Grad im Ofen rösten, bis die Möhren ganz weich sind, ca. 30 Minuten. 230 g gewaschene, gekochte Kichererbsen, ½ TL Salz, 50 ml Olivenöl, 1 fein gehackte Knoblauchzehe, 1½ EL frisch gepressten Zitronensaft, 1 EL Tahini, 1 Prise Chiliflocken und ½ TL Kurkuma in den Mixer geben. Evtl. zusätzlich mit Salz abschmecken. Wasser hinzufügen, wenn der Hummus zu dick wird.

Zubereitung:

1. Am Vorabend: Hefe in einer Schüssel mit Wasser auflösen. Mehlsorten, Salz und Möhren hinzufügen. Zu einem Teig verarbeiten, am besten mit einem Teigschaber. Darauf achten, dass alles gut vermengt ist. Der Teig sollte schön luftig sein.
2. Über Nacht abgedeckt bei Zimmertemperatur (ca. 10 Stunden) gehen lassen.
3. Morgens: Ofen auf 250 Grad vorheizen. Ein Blech in den Ofen schieben, sodass es heiß wird.
4. Teig mit zwei Löffeln auf zwei Bögen Backpapier klecksen, ca. 20 Brötchen. Großzügig mit Körnern bestreuen.
5. Blech herausnehmen, das erste Backpapier mit Brötchen daraufschieben. Im Ofen bei mittlerer Einschubhöhe ca. 12 Minuten backen, bis die Brötchen schön Farbe angenommen haben. Auf einem Gitter abkühlen lassen. Mit dem zweiten Backpapier wiederholen.

Kürbis-Teff-Brötchen mit Nüssen und Cranberrys

[GLUTENFREI]

Teff ist ein glutenfreies, dunkles Mehl mit nussigem, leicht säuerlichem Aroma. Hier kombiniere ich es mit Haferflocken, geriebenem Kürbis und getrockneten Cranberrys zu sättigenden, aber luftigen Brötchen.

ca. 12 Brötchen

12 g Hefe
300 ml lauwarmes Wasser
90 g Teffmehl
35 g Haferflocken
60 g Kartoffelmehl
75 g Kürbis, gerieben
1½ TL Salz
1 EL flüssiger Honig
1 EL Flohsamenschalen
30 g getrocknete Cranberrys
60 g Nüsse (Hasel- oder Walnüsse), evtl. grob gehackt
Haferflocken zum Bestreuen

Zubereitung:

1. Hefe in einer Schüssel mit Wasser auflösen. Teffmehl, Haferflocken, Kartoffelmehl, geriebenen Kürbis, Salz und Honig hinzufügen, glatt schlagen. Beim Schlagen die Flohsamenschalen hinzufügen, alles zu einem glatten Teig verarbeiten.
2. Die Cranberrys und Nüsse unterheben.
3. Abgedeckt bei Zimmertemperatur 2–3 Stunden gehen lassen. Der Teig sollte ordentlich aufgegangen sein.
4. Ofen auf 225 Grad vorheizen. Ein Blech in den Ofen schieben, sodass es heiß wird.
5. Arbeitsfläche mit Teffmehl bestreuen, Teig darauflegen – nicht kneten. Die Haferflocken darüberstreuen und den Teig mit einem Teigschaber in ca. 12 Stücke teilen. Sorgfältig zu runden Brötchen formen (oder einfach so lassen). Auf einen Bogen Backpapier legen. Wenn der Teig stark zusammengefallen ist, die Brötchen nochmals abgedeckt für 30–60 Minuten gehen lassen. Aber direkt backen, wenn sie fluffig aufgegangen sind. Das Blech aus dem Ofen nehmen und das Backpapier mit den Brötchen daraufschieben.
6. Im Ofen bei mittlerer Einschubhöhe ca. 20 Minuten backen. Auf einem Gitter abkühlen lassen.

Grüne Dinkelbrötchen

Haben Sie auch wie ich meistens grüne Erbsen im Gefrierschrank? Dann kann man ganz leicht grüne Brötchen backen. Die Erbsen machen die Brötchen sättigender und verleihen ihnen ein feines, süßes Aroma.

ca. 20 kleine Brötchen

250 g grüne Erbsen, tiefgefroren
200 ml kaltes Wasser
12 g Hefe
1 EL Honig
1 TL Salz
35 g Kürbiskerne, geröstet
55 g Dinkelvollkornmehl oder Grahammehl
240 g Dinkelmehl oder Weizenmehl

Zubereitung:

1. Die Erbsen auftauen lassen. Mit dem Stabmixer und Wasser glatt mixen. Hefe hinzufügen und erneut mixen, damit sie sich auflöst.
2. Alle Zutaten in einer Schüssel zu einem lockeren Teig vermengen.
3. Abgedeckt ca. 2 Stunden gehen lassen. Der Teig sollte sich ungefähr verdoppeln.
4. Ofen auf 250 Grad vorheizen. Ein Blech in den Ofen schieben, sodass es heiß wird.
5. Teig auf eine bemehlte Arbeitsfläche legen, nicht kneten. Den Teig in 20 Stücke teilen, diese paarweise auf Backpapier legen.
6. Das heiße Blech aus dem Ofen nehmen, das erste Backpapier daraufschieben und in der Ofenmitte ca. 15 Minuten backen. Auf einem Gitter abkühlen lassen. Mit dem zweiten Backpapier voller Brötchen wiederholen.

Apfelbrötchen mit Kichererbsen

Gemixte Kichererbsen und geriebener Apfel machen Brötchen besonders saftig.
Fangen Sie das Kichererbsenwasser am besten auf. Es hat dieselben Eigenschaften wie Eiweiß, sodass Sie damit eine fluffige Kräutermayonnaise zubereiten können. Perfekt als Beilage zu den Brötchen!

ca. 20 kleine Brötchen

1 Dose Kichererbsen, gekocht (380 g, Abtropfgewicht ca. 230 g)
200 ml kaltes Wasser
12 g Hefe
330 g Roggenmehl
80 g Apfel, grob gerieben
1 TL Salz
Körner, z. B. Mohn, zum Bestreuen

KICHERERBSENWASSER VERWERTEN – FÜR KRÄUTERMAYONNAISE!

200 ml Rapsöl mit Kräutern sehr fein mixen, z. B. Basilikum und Petersilie. 50 ml Kichererbsenwasser, ½ TL Weißweinessig, 1 TL Dijonsenf, ½ TL Salz und ½ TL gemahlenen schwarzen Pfeffer hinzufügen. Das Kräuteröl in dünnem Strahl unter Rühren hinzufügen. Zu einer glatten Mayonnaise mixen, mit Salz und Pfeffer abschmecken.

Zubereitung:

1. Das Kichererbsenwasser abgießen (gern auffangen und eine Kräutermayonnaise zubereiten, Rezept siehe unten), Kichererbsen abspülen und gut abtropfen lassen. Mit dem Stabmixer Kichererbsen und Wasser glatt mixen. Hefe hinzufügen und erneut mixen, damit sie sich auflöst.
2. Restliche Zutaten hinzufügen. Alles zu einem glatten, leicht klebrigen Teig vermengen. Abgedeckt ca. 2 Stunden gehen lassen.
   Der Teig sollte sich verdoppeln, sonst 1–2 weitere Stunden gehen lassen.
3. Ofen auf 250 Grad vorheizen. Ein Blech in den Ofen schieben, sodass es heiß wird.
4. Den Teig auf eine bemehlte Arbeitsfläche legen, nicht kneten. Etwas Mehl und evtl. Mohn darüberstreuen. Den Teig in 20 Stücke teilen. Die Stücke in kleine „Baguettes" drehen oder so auf das Backpapier legen, wie sie sind.
5. Blech herausnehmen und das erste Backpapier mit Brötchen daraufschieben. Im Ofen bei mittlerer Einschubhöhe etwa 15 Minuten backen. Mit dem zweiten Backpapier voll Brötchen wiederholen.
6. Auf einem Gitter abkühlen lassen.

Zucchinibrötchen mit Buchweizen

[GLUTENFREI]

Das ultimative Rezept für glutenfreie Brötchen! Ich habe es von einer kleinen glutenfreien Bäckerei in Bromma bei Stockholm und werde dafür ewig dankbar sein. Es ist schwierig, bei glutenfreien Brötchen die Fluffigkeit zu erreichen, aber hier klappt es tatsächlich!

ca. 20 Brötchen

210 g Haferflocken
500 ml kaltes Wasser
12 g Hefe
150 g Kartoffelmehl
50 g Buchweizenmehl
1½ TL Salz
1½ EL Flohsamenschalen
100 g Zucchini, fein gerieben, oder Kürbis, Rote Bete oder anderes Wurzelgemüse
evtl. Mohn und Haferflocken zum Bestreuen

Zubereitung:

1. Haferflocken und Wasser mit dem Stabmixer glatt mixen. Hefe hinzufügen und erneut mixen, damit sie sich auflöst.
2. Das Haferwasser in eine Schüssel geben. Kartoffelmehl, Buchweizenmehl und Salz hinzufügen. Alles zu einem glatten Teig vermengen.
3. Beim Schlagen die Flohsamenschalen hinzufügen, alles zu einem glatten Teig verarbeiten. Die fein geriebene Zucchini unterheben.
4. Abgedeckt 2–3 Stunden gehen lassen. Der Teig sollte ordentlich aufgegangen sein. Alternativ über Nacht im Kühlschrank gehen lassen.
5. Teig vorsichtig auf eine mit Buchweizenmehl bedeckte Arbeitsfläche legen. Nicht kneten. In ca. 20 Stücke teilen und vorsichtig zu länglichen Brötchen formen. Den Teig möglichst nicht kneten, damit die Luftigkeit erhalten bleibt, die beim Gehen entsteht.
6. Ofen auf 225 Grad vorheizen.
7. Die Brötchen auf zwei Bleche mit Backpapier legen. Evtl. Mohn oder Haferflocken darüberstreuen.
8. Im Ofen ein Blech pro Backgang bei mittlerer Einschubhöhe ca. 20–25 Minuten backen.
9. Auf einem Gitter abkühlen lassen. Die Brötchen im Gefrierschrank aufbewahren, dann bleiben sie saftig.

Dunkle Bohnenbrötchen

Schwarze Bohnen, dunkler Sirup, Gewürze und Hartweizenmehl ergeben kräftige Brötchen. Direkt genießen oder einfrieren und dann aufbacken.

ca. 25 kleine Brötchen

1 Dose schwarze Bohnen, gekocht (380 g, Abtropfgewicht ca. 230 g)
1 TL Kümmelsamen
1 TL Anissamen
1 TL Fenchelsamen
500 ml lauwarmes Wasser
25 g Hefe
50 ml dunkler Sirup
150 g Hartweizenmehl
35 g Haferflocken
75 g Kartoffelmehl
65 g Leinsamen
1½ TL Salz•
4 TL Flohsamenschalen
evtl. 60 g Walnüsse, grob gehackt

Zubereitung:

1. Bohnen abgießen, abspülen und gut abtropfen lassen.
2. Die Kräuter in einem Mörser zerstoßen.
3. Die Bohnen und die Hälfte des Wassers mit dem Stabmixer glatt mixen. Das restliche Wasser und die Hefe hinzufügen und erneut mixen, damit sich die Hefe auflöst.
4. Die Bohnenflüssigkeit in eine Schüssel geben. Sirup, Hartweizenmehl, Haferflocken, Kartoffelmehl, Leinsamen, Kräuter und Salz hinzufügen. Alles zu einem glatten Teig mixen. Beim Schlagen die Flohsamenschalen hinzufügen, alles zu einem glatten Teig verarbeiten. Evtl. Walnüsse hinzugeben. Abgedeckt bei Zimmertemperatur ca. 2 Stunden gehen lassen. Der Teig sollte ordentlich aufgegangen sein.
5. Ofen auf 225 Grad vorheizen.
6. Teig auf eine mit Hartweizenmehl bedeckte Arbeitsfläche legen. Nicht kneten, sondern vorsichtig bearbeiten, damit der Teig nicht zusammenfällt. Mit dem Teigschaber in ca. 25 Stücke teilen. Auf zwei Bleche mit Backpapier verteilen. Wenn die Stücke zusammengefallen sind, weitere 30 – 60 Minuten gehen lassen. Wenn sie fluffig aufgegangen sind, können sie direkt gebacken werden.
7. Im Ofen ein Blech pro Backgang bei mittlerer Einschubhöhe ca. 20 Minuten backen. Auf einem Gitter abkühlen lassen.
8. Die Brötchen schmecken frisch gebacken am besten. Im Gefrierschrank aufbewahren, wenn sie nicht direkt verzehrt werden.

Hartweizenbrötchen mit Süßkartoffeln

Durum oder Hartweizen verleiht den Brötchen eine schöne gelbe Färbung. Zusammen mit geriebenen Süßkartoffeln werden die Brötchen richtig fluffig, mit knuspriger Kruste und weichem Inneren.

ca. 20 kleine Brötchen

12 g Hefe

300 ml kaltes Wasser

60 g Hartweizenmehl

300 g Dinkelmehl oder Weizenmehl

1½ TL Salz

120 g Süßkartoffeln, fein gerieben (oder Möhren, Kürbis bzw. Pastinake)

Hartweizenmehl zum Bestreuen

Zubereitung:

1. Hefe in einer Schüssel mit Wasser auflösen.
2. Hartweizenmehl, Dinkelmehl, Salz und die geriebenen Wurzelfrüchte hinzufügen. Zum luftigen Teig vermengen.
3. Abgedeckt ca. 2 – 3 Stunden gehen lassen. Der Teig sollte sich ungefähr verdoppeln.
4. Ofen auf 250 Grad vorheizen. Ein Blech in den Ofen schieben, sodass es heiß wird.
5. Brötchenteig mit zwei Löffeln auf zwei Bögen Backpapier klecksen. Etwas Hartweizenmehl darüberstreuen.
6. Einen Bogen Backpapier mit Brötchen auf das Blech schieben und bei mittlerer Einschubhöhe ca. 15 Minuten backen. Die Brötchen sollten eine schöne Farbe annehmen. Mit dem zweiten Backpapier voll Brötchen wiederholen.
7. Auf einem Gitter abkühlen lassen.

Knusprig, würzig und voller Körner

KNÄCKEBROT

Süßkartoffelknäcke mit Hafer und Nüssen

[GLUTENFREI]

Manchmal ist es so einfach, wenn man erst darauf gekommen ist! Zum Beispiel, wie man knuspriges Knäcke mit Gemüse im Teig backen kann. Himmel, was habe ich experimentiert! Und der Trick war einfach, die Flüssigkeit wegzulassen. Gemüse enthält ja ohnehin jede Menge davon.

1 Blech

200 g Süßkartoffeln, fein gerieben
evtl. 1 TL Ingwer, frisch gerieben
70 g Haferflocken
65 g Leinsamen
100 g Haselnüsse, fein gehackt
1 TL Salz
2 EL Rapsöl

Die Süßkartoffel kann übrigens gegen Möhren, Pastinake, Rote Bete oder Knollensellerie ausgetauscht werden. Und statt Nüssen können Sie einfach Sonnenblumen- oder Kürbiskerne nehmen.

Zubereitung:

1. Ofen auf 125 Grad vorheizen.
2. Alle Zutaten in einer Schüssel mischen.
3. Teig zwischen zwei Bögen Backpapier legen und möglichst dünn ausrollen. Darauf achten, dass der Teig bis an die Ränder kommt.
4. Das obere Backpapier entfernen. Teig in Stücke schneiden (oder das Knäcke nach dem Backen in unregelmäßige Stücke brechen). Das Backpapier mit dem Knäcke auf ein Blech schieben. Bei unterer Einschubhöhe ca. 90 Minuten backen. Es sollte trocken und knusprig werden.
5. Auf einem Gitter abkühlen lassen. Das Knäckebrot in einem luftdichten Behälter aufbewahren, dann bleibt es knusprig.

Herzhaftes Roggenknäcke mit Knollensellerie

Roggen und Knollensellerie. Man hört schon beinah, wie gut das zusammenpasst. Wie in diesem unglaublich knusprigen Knäcke mit würzigem Anis. So dünn ausrollen wie möglich!

20 Knäckebrote

12 g Hefe
200 ml kaltes Wasser
1 EL Anissamen
165 g Roggenvollkornmehl
210 g Weizenmehl
90 g Knollensellerie, fein gerieben
2 EL Rapsöl
1 TL Salz

Zubereitung:

1. Hefe in einer Schüssel mit Wasser auflösen.
2. Anissamen in einem Mörser zerstoßen. Anis und alle restlichen Zutaten mit in die Schüssel geben.
3. Von Hand oder in der Küchenmaschine zu einem glatten Teig verarbeiten. 30 g Weizenmehl hinzufügen, wenn der Teig zu klebrig ist. Abgedeckt ca. 2 Stunden gehen lassen.
4. Ofen auf 225 Grad vorheizen. Ein Blech in den Ofen schieben, sodass es heiß wird.
5. Teig auf eine bemehlte Arbeitsfläche legen. Zu einer Rolle formen und in 20 Stücke teilen.
6. Jedes Stück zu einem runden Küchlein mit ca. 10 cm Durchmesser formen, zwischendurch gut bemehlen, damit der Teig ganz dünn ausgerollt werden kann. Evtl. ein Nudelholz mit Noppen für Knäckebrot verwenden. Überflüssiges Mehl abbürsten. Die Küchlein auf Backpapier legen, 3 - 4 Stück auf jeden Bogen.
7. Einen Bogen Backpapier mit Küchlein auf das heiße Blech schieben. Bei mittlerer Einschubhöhe ca. 6 - 8 Minuten backen. Das Knäcke sollte eine schöne Farbe zeigen. Mit dem nächsten Backpapier wiederholen.
8. Auf einem Gitter abkühlen lassen. In einem luftdichten Behälter aufbewahren.

Rote-Bete-Knäcke mit Cranberrys

[GLUTENFREI]

Ein Knäckebrot, das süchtig macht! Das sagen zumindest die meisten, die es probiert haben. Und ja, es schmeckt fast wie ein Snack! Außerdem hundertmal besser als Chips.

1 Blech

2 – 3 mittelgroße Rote Beten oder 100 ml Rote-Bete-Saft
100 g Kürbiskerne
35 g Leinsamen
50 g Sonnenblumenkerne
25 g Maisstärke
60 g Cranberrys, getrocknet
½ TL Salz
1 EL Flohsamenschalen
100 ml kochendes Wasser
½ EL flüssiger Honig
50 ml Rapsöl

Zubereitung:

1. Ofen auf 175 Grad vorheizen.
2. Rote Beten fein reiben. In ein Sieb geben und den Saft in eine Schüssel pressen, ca. 100 ml Saft. (Die Pulpe kann in Brot mitgebacken werden, z. B. in den Brötchen auf S. 19).
3. Alle trockenen Zutaten in einer Schüssel mischen. Das kochend heiße Wasser hinzufügen und alles zu einem glatten Teig verrühren.
4. Rote-Bete-Saft, Honig und Öl dazugeben, wieder glatt rühren. Den Teig ca. 5 Minuten quellen lassen.
5. Den Teig dünn zwischen zwei Bögen Backpapier ausrollen, bis zu den Rändern. Backpapier auf ein Blech heben und den oberen Bogen entfernen.
6. Im Ofen bei mittlerer Einschubhöhe 30 Minuten backen. Gegen Ende aufpassen, dass nichts anbrennt!
7. Knäckebrot umgedreht auf ein Gitter legen, das Backpapier entfernen und das Knäcke abkühlen lassen. In Stücke brechen. In einem luftdichten Behälter aufbewahren, dann bleibt es knusprig.

Kaffeeknäcke mit schwarzen Linsen

[GLUTENFREI]

Würziges Knäcke zum Kaffee, das durch die schwarzen Linsen besonders knusprig wird.

1 Blech

35 g schwarze Linsen, getrocknet
35 g Leinsamen
70 g Kürbiskerne
30 g Sesamsamen, gern schwarze
1 EL Mohn
1½ EL Flohsamenschalen
½ TL Salz
2 EL Olivenöl
2 EL Honig
150 ml kochend heißes Wasser
50 ml Kaffee, gern Espresso
evtl. grobes Meersalz zum Bestreuen

Zubereitung:

1. Linsen abspülen und in eine Schüssel geben. 500 ml kochend heißes Wasser darübergießen und ca. 1 Stunde ziehen lassen (oder über Nacht in kaltem Wasser).
2. Ofen auf 150 Grad vorheizen.
3. Linsen abgießen, abspülen und gut abtropfen lassen.
4. Alle trockenen Zutaten mit den Linsen mischen. Öl, Honig, Wasser und Kaffee hinzufügen, gut vermengen.
5. Den Teig zwischen zwei Bögen Backpapier dünn ausrollen. Auf ein Backblech heben und das obere Backpapier entfernen. Evtl. mit etwas grobem Meersalz bestreuen.
6. Das Knäcke auf der unteren Schiene ca. 40 Minuten im Ofen backen. Das Blech herausnehmen, das Knäcke umdrehen und weitere 5–10 Minuten backen, bis es knusprig ist. Gegen Ende aufpassen, dass nichts anbrennt! Das Knäcke kann in der Nachwärme bleiben, damit es gut trocknet. Auf einem Gitter abkühlen lassen. In Stücke brechen.

Möhrenknäcke mit Sesam

[GLUTENFREI]

Ein Knäckebrot, das ganz leicht zu backen ist - wenn man erst die Möhren gerieben hat! Denn das ist der größte Teil der Arbeit. Mit Rote-Bete-Aufstrich oder Butter und Meersalz servieren.

1 Blech

200 g Möhren, fein gerieben
70 g Haferflocken
75 g Sesam
70 g Leinsamen
1 TL Salz
2 EL Rapsöl
Sesam zum Bestreuen

ROTE-BETE-AUFSTRICH

50 g Sonnenblumenkerne, 2 geschälte Knoblauchzehen und 4 EL Olivenöl in einem Blender mixen. 2 geschälte Rote Beten, 230 g gekochte, abgetropfte Kichererbsen und 1 EL frisch gepressten Zitronensaft hinzufügen. Glatt mixen. Mit Salz und Pfeffer abschmecken.

Zubereitung:

1. Ofen auf 125 Grad vorheizen.
2. Alle Zutaten in einer Schüssel zu einem Teig vermengen, gern mit den Händen. Die Möhren sollten Flüssigkeit abgeben, der Teig sollte sich feucht anfühlen.
3. Den Teig zwischen zwei Bögen Backpapier legen und möglichst dünn ausrollen, bis zu den Rändern.
4. Das obere Backpapier entfernen. Sesam aufstreuen, das obere Backpapier wieder auflegen und leicht darüberrollen, sodass die Samen haften. Papier entfernen.
5. Teig in Stücke schneiden (oder das Knäcke nach dem Backen in unregelmäßige Stücke brechen). Das Backpapier mit dem Knäcke auf ein Blech schieben. Bei unterer Einschubhöhe ca. 90 Minuten backen. Es sollte trocken und knusprig werden.
6. Auf einem Gitter abkühlen lassen. Das Knäckebrot in einem luftdichten Behälter aufbewahren, dann bleibt es knusprig.

Von Scones bis zum schwedischen Limpa

WEICHGEBÄCK

Frucht-Nuss-Brot mit Grünkohl

[GLUTENFREI]

Brot in seiner besten Form mit Trockenobst, Nüssen und Körnern. Und ich schmuggle ein bisschen Grünkohl hinein. Das klappt am besten mit tiefgefrorenem, gehacktem Grünkohl, aber auch mit frischem. Dann die Blätter vor dem Mixen kurz in Wasser blanchieren.

1 Brot

100 g Grünkohl, tiefgefroren
350 ml kaltes Wasser
50 g Sonnenblumenkerne
70 g Kürbiskerne
70 g Leinsamen
120 g Nüsse, z. B. Pistazien, Haselnüsse, Walnüsse oder süße Mandeln
100 g Haferflocken
30 g Sesam oder Mohn
3 EL Flohsamenschalen
1 TL Salz
2 EL Trockenfrüchte, z. B. Rosinen, Cranberrys, Aprikosen oder Feigen
50 ml Rapsöl
2 EL flüssiger Honig
Öl und Körner oder Haferflocken für die Form
evtl. gemischte Körner zum Bestreuen

Zubereitung:

1. Ofen auf 175 Grad vorheizen.
2. Grünkohl mit Wasser in den Mixerbehälter geben und auftauen lassen. Mit dem Stabmixer glatt mixen.
3. Alle trockenen Zutaten in einer Schüssel mischen. Die Trockenfrüchte vorher evtl. in kleinere Stücke schneiden.
4. Den gemixten Grünkohl und Wasser, Öl und Honig zu der trockenen Mischung geben. Alles gut mit einem Teigschaber vermengen. Ca. 10 Minuten ziehen lassen.
5. Eine Brotform (2 Liter) oder Kastenform (25 cm Länge) mit Öl einfetten und mit Körnern oder Haferflocken ausbröseln. Den Teig hineingeben, dabei leicht andrücken, damit er sich gleichmäßig verteilt. Evtl. ein paar Körner darüberstreuen.
6. Im Ofen bei mittlerer Einschubhöhe etwa 70 Minuten backen. Zum Ende evtl. mit einem Blech abdecken, falls das Brot zu dunkel wird.
7. Das Brot ca. 30 Minuten in der Form ruhen lassen. Dann auf ein Gitter stürzen und ganz abkühlen lassen.

Bohnenbrot aus der Fettpfanne

Brotbacken muss nicht schwer sein, dann klappt es nämlich auch! Das hier ist ein typisches „Klappt-doch-Brot". Bohnen mixen, Teig vermengen und in die Fettpfanne drücken. Dann kann der Teig eine Weile gehen, das war schon alles!

ca. 40 Stücke

2 Dosen weiße Bohnen, gekocht (à 380 g, Abtropfgewicht ca. 460 g)
400 ml kalte Milch (oder Wasser)
25 g Hefe
165 g Roggenvollkornmehl
360 g Weizenmehl
2 TL Salz
2 EL heller Sirup
Öl und Mehl für die Form

Zubereitung:

1. Flüssigkeit abgießen, Bohnen abspülen und abgießen. Die Bohnen und die Milch mit einem Stabmixer glatt mixen. Hefe hinzufügen und wieder mixen, damit sie sich auflöst.
2. Alle restlichen Zutaten dazugeben. Zu einem glatten, leicht klebrigen Teig verrühren.
3. Den Teig in eine eingefettete, bemehlte Fettpfanne drücken. Evtl. etwas Roggenmehl darüberstreuen.
4. Abgedeckt bei Zimmertemperatur ca. 3 Stunden gehen lassen. Der Teig sollte ungefähr doppelte Größe annehmen.
5. Ofen auf 225 Grad vorheizen.
6. Teig z. B. mit einem Teigschaber in Stücke teilen.
7. Bei mittlerer Einschubhöhe 20–25 Minuten backen. Ca. 15 Minuten in der Form ruhen lassen, dann auf einem Gitter ganz abkühlen lassen.

Pain d'Epi mit Pastinake, Zitrone und Rosmarin

Dieses Brot wird auch Epi-Baguette genannt. Es soll einer Ähre ähneln, aus der einzelne Brötchen herausgebrochen werden können. Ich backe mein Baguette mit Pastinake und würze es mit Zitrone und Rosmarin. Lecker zur Suppe oder zum Eintopf. Setzen Sie den Teig morgens an und lassen Sie ihn über den Tag im Kühlschrank ruhen, dann gibt es abends leckeres Baguette.

3 Baguettes
12 g Hefe
450 ml kaltes Wasser
540 g Weizenmehl
2 TL Salz
100 g Pastinake, grob gerieben
geriebene Schale von 1 Zitrone
2 TL Rosmarin, getrocknet
1 EL Olivenöl

ODER BACKEN SIE NORMALES BAGUETTE!

Wenn Sie lieber übliches Baguette backen möchten, überspringen Sie den letzten Absatz. Weil der Teig sehr locker ist, kann es schwierig sein, ihn zurechtzuschneiden. Ein paar schräge Einschnitte mit dem Messer anbringen oder die Baguettes einfach so backen, wie sie sind.

Zubereitung:

1. Hefe in einer Schüssel mit Wasser auflösen. Mehl und Salz hinzufügen, alles glatt rühren. Geriebene Pastinake und Zitronenschale dazugeben, Rosmarin hineinstreuen und alles zu einem lockeren Teig verarbeiten. Die Hälfte des Olivenöls über den Teig träufeln. Den Teig mit den Händen oder dem Teigschaber im Öl wenden, damit es den gesamten Teig bedeckt. Abgedeckt bei Zimmertemperatur 1 Stunde gehen lassen.
2. Den Teig mit nassen oder beölten Händen aus vier Richtungen zur Mitte hin falten. Das verleiht dem Teig Elastizität. Dieses Falten alle halbe Stunde wiederholen, bis der Teig auf doppelte Größe aufgegangen ist. Das dauert 2–3 Stunden. Den Teig dann abgedeckt im Kühlschrank ca. 6 Stunden ruhen lassen.
3. Ofen auf 250 Grad vorheizen und ein Blech hineinschieben, damit es heiß wird.
4. Teig auf einer bemehlten Arbeitsfläche ausrollen. Etwas Mehl darüberstreuen. Den Teig so wenig wie möglich bearbeiten. In drei Teile schneiden, vorsichtig zu ca. 25 cm lange Baguettes formen und diese auf Backpapier legen (2 Baguettes passen auf einen Bogen).
5. Mit einer Schere schräg einschneiden (bis zum Boden) und die Teigstücke vorsichtig nach rechts, nach links biegen. Das heiße Blech herausnehmen und das Backpapier mit dem Teig daraufschieben. Pro Backgang ein Blech bei mittlerer Einschubhöhe 15–20 Minuten backen oder bis die Baguettes Farbe angenommen haben. Auf einem Gitter abkühlen lassen.

Crumpets mit Kichererbsen

Crumpets mit Kichererbsen und Haferflocken. Wenn Sie vegan backen möchten, können Sie statt Butter Öl verwenden.

16 Crumpets

1 Dose Kichererbsen, gekocht (380 g, Abtropfgewicht ca. 230 g)

175 g Haferflocken

300 ml kaltes Wasser

12 g Hefe

1½ EL Flohsamenschalen

2 EL heller Sirup

1 TL Salz

75 g geschmolzene, lauwarme Butter (oder 75 ml Rapsöl)

50 g Hartweizenmehl

Zubereitung:

1. Kichererbsen abgießen, abspülen und gut abtropfen lassen.
2. Die Kichererbsen mit der Hälfte der Haferflocken und Wasser mit dem Stabmixer glatt mixen. Die Hefe dazugeben und wieder mixen, damit sie sich auflöst.
3. Die gemixte Kichererbsenflüssigkeit mit den restlichen Haferflocken und Flohsamenschalen mixen. Ca. 10 Minuten quellen lassen.
4. Sirup, Salz, Butter und Hartweizenmehl hinzufügen. Den Teig kneten, bis er glatt ist – am besten mit den Händen. Ca. 20 Minuten ruhen lassen.
5. Den Teig auf eine Arbeitsfläche mit Hartweizenmehl legen und länglich formen. In 16 Stücke teilen und diese zu Crumpets mit ca. 5 cm Durchmesser formen.
6. Die Crumpets auf Bleche mit Backpapier legen. Mit einer Gabel einstechen. Abgedeckt 2–3 Stunden gehen lassen, sie sollten ordentlich aufgehen.
7. Ofen auf 225 Grad vorheizen.
8. Im Ofen bei mittlerer Einschubhöhe ca. 12–15 Minuten backen. Auf einem Gitter abkühlen lassen.
9. Die Crumpets am besten im Gefrierschrank aufbewahren und dann rösten.

Das leichteste Grützbrot der Welt

Die ideale Resteverwertung, wenn Brei übrig bleibt. Wasser und Hefe direkt im Breitopf vermengen, Mehl und etwas Geriebenes dazu ... Ein paar Stunden vergessen und dann ab damit in die Pfanne. Backen und genießen!

1 Brot

1 Portion Brei (35 g Haferflocken + 200 ml Wasser)

200 ml kaltes Wasser

12 g Hefe

120 g Vollkornmehl, z. B. Dinkel oder Roggen

240 g Weizenmehl

½ TL Salz

80 g fein geriebenes Wurzelgemüse, z. B. Süßkartoffel, Rote Bete, Pastinake, Knollensellerie oder Möhren

Haferflocken zum Bestreuen

ODER WIE WÄRE ES MIT GRÜTZBRÖTCHEN?

Ofen auf 250 Grad vorheizen. Ein Blech in den Ofen schieben, sodass es heiß wird. Den Teig mit zwei Löffeln auf Backpapier klecksen. Das Backpapier mit den Brötchen auf das heiße Blech schieben und bei mittlerer Einschubhöhe ca. 10 Minuten backen.

Zubereitung:

1. Wasser und Hefe in einem Topf mit dem Brei vermengen.
2. Die restlichen Zutaten hinzufügen und alles zu einem lockeren Teig schlagen. Abgedeckt im Topf 2 – 3 Stunden bis auf doppelte Größe gehen lassen.
3. Ofen auf 250 Grad vorheizen. Eine Pfanne oder Ofenform aus Gusseisen in den Ofen stellen (ca. 20 cm Durchmesser), damit sie heiß wird. Keine Pfanne mit Holz- oder Kunststoffgriff verwenden!
4. Die heiße Pfanne herausnehmen. Mit Haferflocken ausstreuen, den Teig vorsichtig hineingeben, Haferflocken darüberstreuen und in den Ofen stellen. Die Hitze auf 225 Grad reduzieren. Ca. 25 Minuten backen.
5. Das Brot etwa 10 Minuten in der Pfanne ruhen lassen, dann auf dem Gitter abkühlen lassen.

Tomaten-Focaccia mit Feta und Kirschtomaten

Ersetzen Sie das Wasser beim Backen durch passierte Tomaten! Wenn Sie nur gehackte Tomaten im Haus haben, funktioniert es auch damit. Diese Focaccia hat ein mildes Tomatenaroma und eine schöne Farbe. Und wenn Sie schon dabei sind, drücken Sie gern ein paar Oliven mit in den Teig.

1 Fettpfanne oder 2 kleinere Formen

12 g Hefe
400 ml passierte Tomaten
420 g Dinkelmehl oder Weizenmehl
1 EL flüssiger Honig
2 EL Olivenöl
1 TL Salz
1 TL frischer Rosmarin, gehackt
15 Kirschtomaten
150 g Fetakäse
ein paar Zweige Rosmarin
Olivenöl zum Bepinseln
grobes Meersalz zum Bestreuen

Zubereitung:

1. Hefe in einer Schüssel mit den passierten Tomaten auflösen.
2. Mehl, Honig, Öl, Salz und Rosmarin dazugeben. Zu einem lockeren Teig verarbeiten. Den Teig in die Fettpfanne, auf ein Blech oder in zwei ofenfeste Formen geben (ca. 25 x 20 cm). Abgedeckt bei Zimmertemperatur ca. 3 Stunden gehen lassen. Der Teig sollte sich ungefähr verdoppeln.
3. Ofen auf 225 Grad vorheizen.
4. Tomaten, Fetastücke und ein paar Rosmarinzweige in den Teig drücken. Vorsichtig mit Öl bepinseln und das grobe Meersalz daraufstreuen.
5. Im Ofen bei mittlerer Einschubhöhe ca. 20 Minuten backen, bis die Focaccia schön Farbe angenommen hat.

Grüne Super-Baguettes

Backen Sie hübsche grüne Baguettes mit Spinat und Zucchini!

4 Baguettes
ca. 70 g Spinat, frisch oder tiefgekühlt
300 ml kaltes Wasser
12 g Hefe
2 TL Salz
evtl. 2 TL Anissamen, zerstoßen
1 EL Honig
2 EL Olivenöl
200 g Zucchini, grob gerieben
540 g Dinkelmehl oder Weizenmehl

Zubereitung:

1. Den Spinat mit Wasser in einen Mixerbehälter geben (tiefgefrorenen Spinat einige Minuten antauen lassen). Mit dem Stabmixer glatt mixen. Hefe hinzufügen und mixen, damit sie sich auflöst.
2. Das Spinatwasser in eine Schüssel geben. Die restlichen Zutaten hinzufügen und zu einem Teig vermengen. Er sollte ziemlich klebrig, aber bearbeitbar sein (wenn er zu locker ist, 30 g Mehl hinzufügen). Abgedeckt ca. 3 Stunden gehen lassen. Die Teigmenge sollte sich verdoppeln.
3. Ofen auf 250 Grad vorheizen. Ein Blech in den Ofen schieben, sodass es heiß wird.
4. Den Teig auf eine gut bemehlte Arbeitsfläche legen und mit dem Teigschaber in 4 Stücke teilen. Mit bemehlten Händen zu Baguettes formen. Die Brote auf Backpapier legen, immer zwei pro Bogen. Die Baguettes mit etwas Wasser einpinseln.
5. Das Blech aus dem Ofen nehmen und einen Bogen Backpapier mit Baguettes vorsichtig daraufschieben. Im Ofen ca. 15 Minuten backen, bis die Baguettes schön Farbe angenommen haben. Auf einem Gitter abkühlen lassen.
6. Die restlichen Baguettes genauso backen.

Herbstliches Kürbisbrot

Ein bisschen knifflig, aber es lohnt sich!
Kurkuma sorgt für eine intensivere Farbe, sie hat nicht viel Aroma. Statt Fenchel können Sie auch Kümmel, Koriander oder Anis verwenden. Gutes Brot zur Suppe oder zum Eintopf.

2 kleine Brote zum Abbrechen

200 g Kürbis, geschält und in Stücken von ca. 2 cm
1 EL Raps- oder Olivenöl
150 ml Joghurt (3 %) oder kaltes Wasser
12 g Hefe
1 TL Salz
½ TL Kurkuma, gemahlen
1 EL Raps- oder Olivenöl
1 TL Fenchelsamen, im Mörser zerstoßen
1–2 EL Honig
30 g Roggenvollkorn- oder Roggenmehl
270 g Weizenmehl
geschlagenes Ei zum Bepinseln

Zubereitung:

1. Ofen auf 200 Grad vorheizen. Kürbisstücke in eine ofenfeste Form geben und mit Öl vermengen. Bei mittlerer Einschubhöhe ca. 30 Minuten backen, bis der Kürbis weich ist. Abkühlen lassen. Kürbis und Joghurt mit dem Stabmixer glatt mixen. Hefe hinzufügen und erneut mixen, damit sie sich aufgelöst.
2. Das Kürbispüree mit Salz, Kurkuma, Öl, Fenchelsamen, Honig, Roggen- und Weizenmehl in der Küchenmaschine oder in einer Schüssel mischen. Mit der Maschine ca. 10 Minuten durchkneten. Wenn Sie mit den Händen kneten, verwenden Sie erst einen Teigschaber und die Hände, wenn der Teig nicht mehr so klebrig ist. Wenn der Teig zu klebrig ist, ein bisschen Mehl hinzufügen (aber sparsam, er sollte locker bleiben). Ca. 2 Stunden gehen lassen. Der Teig sollte ordentlich aufgegangen sein.
3. Teig auf eine bemehlte Arbeitsfläche legen. In zwei Stücke teilen und leicht kneten. Mit bemehlten Händen zu zwei Kugeln formen.
4. Vier Stücke Küchengarn (ca. 20 cm lang) sternförmig auf ein Blech mit Backpapier legen. Eine Teigkugel in die Mitte legen. Die Garnstücke über die Kugel legen und in der Mitte locker verknoten. Das Garn nicht spannen, weil der Teig noch ordentlich aufgeht. Mit der zweiten Kugel genauso verfahren. Abgedeckt ca. 1 Stunde gehen lassen.
5. Ofen auf 200 Grad vorheizen. Das Brot mit geschlagenem Ei bepinseln. Im Ofen bei mittlerer Einschubhöhe ca. 25 Minuten backen. Die Kerntemperatur sollte 98 Grad betragen. Aufpassen, dass nichts anbrennt! Auf einem Gitter abkühlen lassen. Das Garn aufschneiden und vorsichtig entfernen.

Brötchenkranz mit Kichererbsen, Möhren und Honig

Ich verwende hier Kichererbsen mit ihrer Einlegeflüssigkeit. Gerade Kichererbsenwasser hat eine tolle Bindekraft, die mit Ei vergleichbar ist. So werden die Brötchen besonders luftig. Natürlich können Sie statt Brötchen auch Brot aus dem Teig backen. Dann verlängert sich die Backzeit um ein paar Minuten.

1 Brötchenkranz

1 Dose Kichererbsen mit Flüssigkeit (380 g)

50 ml kaltes Wasser

25 g Hefe

30 g Dinkelvollkornmehl oder Grahammehl

270 g Weizenmehl

1 TL Salz

1 EL Honig

80 g Möhren, grob gerieben

Zubereitung:

1. Kichererbsen und die Flüssigkeit mit einem Stabmixer zu einem glatten Püree mixen. Wasser und Hefe dazugeben, erneut mixen, damit sich die Hefe auflöst.
2. Das Kichererbsenpüree in eine Schüssel geben, Dinkelvollkornmehl, Weizenmehl, Salz und Honig hinzufügen. Zu einem glatten Teig verarbeiten. Die geriebenen Möhren dazugeben und gleichmäßig unterheben.
   Abgedeckt bei Zimmertemperatur ca. 1 Stunde gehen lassen.
3. Teig auf eine bemehlte Arbeitsfläche legen. Nicht kneten. Den Teig in 12 Stücke teilen. Jedes Stück mit bemehlten Händen zum Brötchen formen. Die Brötchen auf ein Blech mit Backpapier oder in eine eingefettete, kleinere Ofenform legen. Dabei etwas Abstand halten, damit sie noch gehen können. Evtl. etwas Vollkornmehl darüberstreuen. Abgedeckt bei Zimmertemperatur ca. 1 Stunde gehen lassen. Die Brötchen sollten ordentlich aufgegangen sein.
4. Ofen auf 225 Grad vorheizen.
5. Im Ofen bei mittlerer Einschubhöhe ca. 20 Minuten backen, bis die Brötchen schön Farbe angenommen haben. Auf einem Gitter abkühlen lassen.

Süßkartoffel-Mais-Scones

[GLUTENFREI]

Sonnengelbe Scones sind frisch gebacken natürlich am besten, sehr lecker mit Frischkäse oder Marmelade. Sie können auch kleine runde Scones backen. Dann den Teig in 20 Stücke teilen, rollen und etwas abflachen.

16 Stück

115 g Kartoffelmehl
100 g Maismehl
1 EL Backpulver
2 TL Flohsamenschalen
1 TL Salz
2 TL Feinzucker
75 g Butter aus dem Kühlschrank
100 ml Joghurt natur (3 %)
80 g Süßkartoffeln, fein gerieben

Zubereitung:

1. Ofen auf 225 Grad vorheizen. Alle trockenen Zutaten in einer Schüssel mischen.
2. Die Butter in Stücke schneiden und mit in die Schüssel geben. Mit den Fingern zu feinen Bröseln kneten.
3. Joghurt und Süßkartoffeln hinzufügen, alles zu einem Teig verarbeiten.
4. Teig in vier Stücke teilen. Zu Kugeln formen, auf ein Blech mit Backpapier legen und zu Scones flach drücken. Jeden Scone über Kreuz einkerben.
5. Im Ofen bei mittlerer Einschubhöhe etwa 15 Minuten backen.
6. Die Scones sofort servieren. Wenn Scones übrig bleiben, ab damit in den Toaster oder vorsichtig in der Mikrowelle aufwärmen.

Roggenbrot mit Knollensellerie, Linsen und Haselnüssen

Ich liebe Brot, das nur einmal gehen muss – wie dieses hier mit jeder Menge gesunder Zutaten. Den Teig am Abend vorbereiten, in eine Brotform geben und über Nacht im Kühlschrank gehen lassen. Morgens kommt das Brot dann nur noch in den Ofen.

1 Brot
90 g getrocknete rote Linsen
12 g Hefe
250 ml kaltes Wasser
80 g Roggenmehl
240 g Weizenmehl
1 EL Honig
1 EL Olivenöl
1½ TL Salz
60 g Knollensellerie, gerieben
65 g geröstete Haselnüsse

Zubereitung:

1. Linsen abspülen und in eine Schüssel geben. Kochendes Wasser angießen, sodass die Linsen bedeckt sind. Ca. 30 Minuten ziehen lassen (oder über Nacht in kaltem Wasser einweichen). Abgießen, abspülen und gut abtropfen lassen.
2. Hefe in einer Schüssel mit Wasser auflösen. Roggenmehl, Weizenmehl, Honig, Öl und Salz dazugeben. Mit einem Teigschaber zu einem glatten Teig verarbeiten. Knollensellerie, Linsen und Nüsse hinzufügen, alles zu einem lockeren, klebrigen Teig vermengen.
3. Den Teig in eine gefettete, bemehlte Brotform (2 Liter) oder Kastenform (25 cm Länge) geben und abgedeckt über Nacht im Kühlschrank gehen lassen, ca. 8 Stunden.
4. Ofen auf 200 Grad vorheizen.
5. Im Ofen bei mittlerer Einschubhöhe 45–55 Minuten backen, die Kerntemperatur sollte 98 Grad betragen. Die Form mit einem Blech abdecken, wenn das Brot zu dunkel wird.
6. Herausnehmen, ca. 15 Minuten in der Form ruhen lassen, vorsichtig stürzen und auf einem Gitter vollständig abkühlen lassen.

Erbsiges Fladenbrot

[GLUTENFREI]

Ein Zwischending zwischen Brot und Omelette. Brot mit grünen Erbsen als Backzutat passt ausgezeichnet zu Suppe und Salat.

1 Blech

50 g grüne Erbsen, aufgetaut
4 Eier
100 g Sonnenblumenkerne, geröstet
35 g Leinsamen
2 TL Backpulver
1 EL Flohsamenschalen
1 TL Salz
250 ml Joghurt (10 %)

Zubereitung:

1. Ofen auf 225 Grad vorheizen.
2. Die Erbsen mit dem Stabmixer grob mixen.
3. Die Eier in einer Schüssel leicht aufschlagen.
4. Alle trockenen Zutaten in einer anderen Schüssel vermengen. Eier, Erbsenmix und Joghurt zur trockenen Mischung geben und zu einem glatten Teig verrühren. 10 Minuten ruhen lassen.
5. Den Teig gleichmäßig auf einem Blech mit Backpapier bis zu den Rändern verteilen.
6. Bei mittlerer Einschubhöhe ca. 15 Minuten im Ofen backen.
7. Abkühlen lassen und in Stücke schneiden. Das Brot schmeckt frisch gebacken am besten. Sonst einfrieren und dann aufbacken.

Schwedisches Weichgebäck mit Kaffee und schwarzen Bohnen

[GLUTENFREI]

Wenn Sie eine Tasse Kaffee übrig haben, backen Sie einfach dieses dunkle, würzige Brot mit Hafermehl, Sirup und schwarzen Bohnen. Auch mit weißen Bohnen klappt es prima, das Brot hat trotzdem eine ziemlich dunkle Farbe.

1 Brot

380 g schwarze Bohnen, gekocht (Abtropfgewicht ca. 230 g)
250 ml Joghurt (3 %)
100 ml kalter Kaffee
50 ml dunkler Sirup
200 g Haferflocken
1 EL Flohsamenschalen
2 TL Natron
1½ TL Salz
65 g Leinsamen

ODER BACKEN SIE EIN WÜRZBROT!

Das Rezept ist dasselbe, statt Kaffee wird aber dunkles Bier genommen.
1 Prise gemahlene Nelken, 1 TL gemahlene Pomeranze, 1 Prise gemahlenen Ingwer, 1 TL Fenchelsamen und 1 TL Anissamen in die Mehlmischung geben.

Zubereitung:

1. Ofen auf 200 Grad vorheizen.
2. Die Bohnen abspülen und abtropfen lassen.
3. Die Bohnen mit dem Joghurt, Kaffee und Sirup mit dem Stabmixer glatt mixen.
4. Haferflocken, Flohsamenschalen, Natron, Salz und Leinsamen in einer Schüssel vermengen.
5. Die Bohnenmischung in die Mehlschüssel geben und alles zu einem glatten Teig verrühren.
6. Eine Brotform (ca. 1½ Liter) oder Kastenform (25 cm Länge) einfetten und mit Haferflocken ausbröseln. Den Teig in die Form geben.
7. Bei unterer Einschubhöhe ca. 70 Minuten im Ofen backen. Die Kerntemperatur sollte ca. 98 Grad betragen. Gegen Ende aufpassen, dass nichts verbrennt! Die Form mit einem Blech abdecken, falls das Brot zu dunkel wird.
8. Das Brot eine Viertelstunde in der Form ruhen lassen, dann stürzen und auf einem Gitter abkühlen lassen.
   Es schmeckt am besten, wenn es vollständig abgekühlt ist.

Kartoffelbrot im Bräter

Backen im Bräter aus Gusseisen ist genial. Der Bräter funktioniert in etwa wie ein Steinofen und verleiht dem Brot eine schöne, knusprige Kruste. Darunter ist es wegen der Kartoffeln schön saftig.

1 Brot
25 g Hefe
400 ml kaltes Wasser
1½ TL Kümmel, ganz
200 g kalte Kartoffeln, gerieben
1 ½ TL Salz
50 ml heller Sirup
55 g Roggenmehl
540 g Weizenmehl

Zubereitung:

1. Hefe in einer Schüssel mit Wasser auflösen.
2. Kümmel in einem Mörser zerstoßen.
3. Kümmel, Kartoffeln, Salz, Sirup, Roggenmehl und Weizenmehl in die Schüssel geben. Von Hand oder mit der Küchenmaschine zu einem glatten Teig verarbeiten. Abgedeckt bei Zimmertemperatur ca. 2 Stunden gehen lassen. Der Teig sollte ordentlich aufgegangen sein.
4. Ofen auf 250 Grad vorheizen und einen gusseisernen Bräter mit Deckel hineinstellen, damit er heiß wird.
5. Teig auf eine bemehlte Arbeitsfläche legen. Den Teig vorsichtig zweimal falten, gern mit dem Teigschaber. Dann ca. 20 Minuten ruhen lassen. Nicht kneten, sondern möglichst wenig bearbeiten.
6. Den heißen Bräter aus dem Ofen nehmen, den Boden mit etwas Mehl bestreuen und den Teig vorsichtig hineingeben. Versuchen Sie, die gefaltete Seite nach unten zu bringen. Deckel auflegen und den Bräter auf die mittlere Schiene stellen.
7. Temperatur nach 10 Minuten auf 200 Grad reduzieren, weitere 10 Minuten backen.
8. Deckel abnehmen und weitere 40 Minuten backen, bis die Kerntemperatur 98 Grad beträgt. Gegen Ende aufpassen und evtl. ein Blech auflegen, wenn das Brot zu dunkel wird.
9. Das Brot aus dem Ofen nehmen. Vorsichtig aus dem Bräter stürzen und auf einem Gitter vollständig abkühlen lassen.

Möhrenbrot mit Nüssen und Obst

[GLUTENFREI]

Geriebene Möhren, Haferflocken, Joghurt, Nüsse und Körner. Ein Brot mit jeder Menge gesunder Zutaten. Und außerdem unglaublich lecker!

1 Brot

65 g Leinsamen
75 g Sesamsamen
200 ml kochendes Wasser
50 ml Honig
140 g Haferflocken
1 EL Flohsamenschalen
2 TL Natron
1½ TL Salz
80 g Möhren, fein gerieben
200 ml Joghurt (3 %)
120 g geröstete Nüsse, z. B. Haselnüsse, Mandeln und Walnüsse
60 g Trockenobst, z. B. Aprikosen, Rosinen, Gojibeeren, Cranberrys und Feigen
Öl für die Form
Haferflocken zum Bestreuen

Zubereitung:

1. Ofen auf 200 Grad vorheizen.
2. Leinsamen und Sesam in einer großen Schüssel mischen. Das kochende Wasser darübergießen und leicht schlagen. Honig hinzufügen und weiter zu einer glatten Mischung schlagen. Ca. 10 Minuten ziehen lassen.
3. Haferflocken, Flohsamenschalen, Natron und Salz in einer Schüssel vermengen. Die geriebenen Möhren dazugeben und gleichmäßig unterheben.
4. Die Hafermischung und den Joghurt zur Körnermischung geben. Alles gut miteinander vermengen. Nüsse und Trockenobst dazugeben.
5. Den Teig in eine eingeölte Brotform (ca. 2 Liter) oder Kastenform (25 cm Länge) füllen. Etwas Hafermehl oder Haferflocken darüberstreuen.
6. Auf der unteren Schiene im Ofen ca. 1 Stunde backen. Gegen Ende evtl. mit einem Blech abdecken, falls das Brot zu dunkel wird.
7. Das Brot ca. 15 Minuten in der Form ruhen lassen, dann stürzen und auf einem Gitter vollständig abkühlen lassen.

Rote-Bete-Flechten mit Tapenade

Ein geflochtenes Brot mit Kichererbsen und Rote Bete. Und gefüllt mit salziger Olivenpaste. Tolles Brot für das Büffet oder zur Suppe.

2 Flechten

1 Dose Kichererbsen, gekocht (380 g, Abtropfgewicht ca. 230 g)

100 ml Wasser

12 g Hefe

3 – 4 große Rote Beten (oder 200 ml Rote-Bete-Saft)

420 g Dinkelmehl oder Weizenmehl

2 EL Olivenöl

1 TL Salz

20 ml Tapenade

geschlagenes Ei zum Bepinseln

Zubereitung:

1. Kichererbsen abgießen, abspülen und gut abtropfen lassen. Die Erbsen und Wasser mit dem Stabmixer glatt mixen. Hefe hinzufügen und mixen, damit sie sich auflöst.
2. Rote Bete fein reiben, in ein Sieb geben und den Saft in eine Schüssel auspressen. Es sollten ca. 200 ml Saft sein. Sie können auch fertigen Saft verwenden.
3. Das Kichererbsenwasser in den Rote-Bete-Saft geben und die restlichen Zutaten bis auf die Tapenade und das Ei hinzufügen. Zu einem lockeren Teig verarbeiten. Abgedeckt bei Zimmertemperatur ca. 3 Stunden gehen lassen. Der Teig sollte sich ungefähr verdoppeln.
4. Teig auf eine bemehlte Arbeitsfläche legen. In zwei Hälften teilen. Jede Hälfte zu einer Platte ausrollen, ca. 20 x 25 cm. Die Tapenade auf den Platten verstreichen, von der kurzen Seite zu zwei Rollen aufrollen. Jede Rolle längs in zwei Teile schneiden, es werden also zwei längliche Teile aus jeder Rolle. Die Stücke mit den Schnittflächen nach oben legen und zu zwei Broten drehen/flechten.
5. Die Brote auf ein Blech mit Backpapier legen. Nicht abdecken und ca. 1 Stunde gehen lassen.
6. Ofen auf 200 Grad vorheizen. Die Brote vorsichtig mit geschlagenem Ei bepinseln. Im Ofen bei mittlerer Einschubhöhe 25 – 30 Minuten backen. Gegen Ende der Backzeit evtl. mit einem Blech abdecken, wenn das Brot zu dunkel wird.
7. Auf einem Gitter abkühlen lassen.

Möhrenbrot mit Gotland-Feeling

Ein Brot, das an gotländisches Weichgebäck erinnert. Durch das Anschwitzen kann das Roggenmehl mehr Flüssigkeit binden und das Brot bleibt länger saftig. Der Joghurt schenkt ein bisschen Sauerteigaroma, obwohl das Brot mit Hefe gebacken wird.

1 großes oder 2 kleinere Brote

Mehlschwitze
1½ TL ganze Anissamen
1½ TL ganze Fenchelsamen
2 TL Pomeranze, gemahlen
ca. 85 g Roggenmehl
200 ml kochend heißes Wasser

Teig
10 g Hefe
250 ml Joghurt (3 %)
100 ml dunkler Sirup
1 EL Farinzucker
2 TL Salz
510 g Weizenmehl
80 g Möhren, fein gerieben (oder Pastinake, Süßkartoffel, Knollensellerie)

APFELSINE STATT POMERANZE

Die Pomeranze oder Bitterorange ist eine kleine, aromatische Zitrusfrucht und wird in bestimmten, traditionellen Brotrezepten verwendet. Sie wird getrocknet im Ganzen verkauft (und muss gekocht werden), aber auch als gemahlenes Gewürz. Wenn Sie keine Pomeranze haben, können Sie auch gemahlene Apfelsinenschale verarbeiten, aber nur die äußere Schale.

Zubereitung:

1. Anis und Fenchel in einem Mörser zerstoßen.
2. Anis, Fenchel, Pomeranze und Roggenmehl in einer Schüssel mischen. Mit kochend heißem Wasser übergießen und alles gut vermengen. Mit Folie abdecken und mindestens 2 Stunden bei Zimmertemperatur ziehen lassen. Die Mehlschwitze kann auch über Nacht ziehen.
3. Die Hefe mit dem Joghurt verrühren. Die restlichen Zutaten und die Mehlschwitze ca. 10 Minuten in der Küchenmaschine vermengen. Das geht auch von Hand oder mit einem Kochlöffel, der Teig ist jedoch ziemlich schwer und klebrig.
4. Mit Folie abdecken und bei Zimmertemperatur ca. 3 Stunden gehen lassen. Der Teig sollte ordentlich aufgegangen sein.
5. Teig auf eine bemehlte Arbeitsfläche legen. Eventuell in zwei Hälften teilen. Zu einem oder zwei runden Broten formen und ein Backblech mit Backpapier auslegen. Abgedeckt ca. 1 Stunde gehen lassen.
6. Ofen auf 225 Grad vorheizen. Das Brot auf der mittleren Schiene im Ofen backen, ca. 30 Minuten für zwei kleinere und 45 Minuten für das große Brot. Gegen Ende aufpassen, dass nichts verbrennt! Vor dem Anschneiden auf einem Gitter vollständig abkühlen lassen.

Lookalikes

FAMILIENFAVORITEN

Schwedisches Hönö-Brot mit weißen Bohnen

Helles, fluffiges Brot mit feiner Sirupsüße. Aber trotzdem mit Vollkornmehl und Bohnen, die Gesundes beisteuern. Der Teig kann auch zu Crumpets ausgerollt werden, das ergibt dann ca. 20 Stück.

2 große runde Fladenbrote

2 Dosen weiße Bohnen, gekocht (je 380 g, Abtropfgewicht ca. 460 g)

400 ml Milch oder Wasser

25 g Hefe

110 g Roggenmehl

600 g Weizenmehl

2 TL Salz

75 ml heller Sirup

75 g zimmerwarme Butter oder 75 ml Rapsöl

Zubereitung:

1. Bohnen abgießen, abspülen und gut abtropfen lassen.
2. Milch auf ca. 37 Grad erhitzen.
3. Bohnen und Milch mit einem Stabmixer zu glattem Püree mixen. Hefe hinzufügen und erneut mixen, damit sie sich auflöst.
4. Das Bohnenpüree in eine Schüssel geben. Roggenmehl, Weizenmehl, Salz und Sirup hinzufügen, alles zu einem glatten Teig verarbeiten. Den Knethaken beim Handrührgerät oder die Küchenmaschine verwenden.
5. Butterflocken zum Teig geben und einige Minuten weiter rühren, bis der Teig glatt und geschmeidig ist.
6. Abgedeckt bei Zimmertemperatur ca. 1½ bis 2 Stunden gehen lassen. Der Teig sollte seine Größe ungefähr verdoppeln.
7. Ofen auf 250 Grad vorheizen.
8. Teig auf eine bemehlte Arbeitsfläche legen und in zwei Stücke teilen. Jedes Stück zu einer Kugel formen und einzeln auf einen leicht bemehlten Bogen Backpapier legen. Runde Fladen mit ca. 25 cm Durchmesser ausrollen. Die Fladen mit einer Gabel einstechen. Abgedeckt ca. 30 Minuten gehen lassen.
9. Ein Backpapier mit Hönö-Brot vorsichtig auf das Blech schieben. Pro Backgang ein Blech bei mittlerer Einschubhöhe 5–8 Minuten backen, bis der Fladen Farbe angenommen hat. Auf einem Gitter abkühlen lassen. Fladenbrote in „Tortenstücke" schneiden.

Sirupweichgebäck mit schwarzen Bohnen

Ein saftiges, fülliges Brot mit dem Aroma von Sirup und Brotgewürzen. Wenn man Fenchel, Anis und Kümmel im Mörser zerstößt, wird das Aroma intensiver, es klappt aber auch mit fertig gemahlenen Gewürzen. Und wenn Sie nicht alles im Haus haben, nehmen Sie einfach das, was da ist!

1 Brot

1 Dose schwarze Bohnen, gekocht (380 g, Abtropfgewicht ca. 230 g)

200 ml lauwarmes Wasser

12 g Hefe

3 TL Brotgewürz, ganz (z. B. Anis, Fenchelsamen oder Kümmel)

90 g Roggenmehl

300 g Dinkel- oder Weizenmehl

50 ml dunkler Sirup

2 EL Rapsöl

2 TL Salz

Zubereitung:

1. Bohnen abgießen, abspülen und gut abtropfen lassen. Mit dem Stabmixer Bohnen und Wasser glatt mixen. Hefe hinzufügen und mixen, damit sie sich auflöst.
2. Gewürze im Mörser zerstoßen.
3. Alle Zutaten in einer Schüssel vermengen. Den Teig von Hand oder mit der Maschine ca. 5 Minuten kneten.
4. Abgedeckt bei Zimmertemperatur ca. 3 Stunden bis auf doppelte Größe aufgehen lassen.
5. Den Teig auf eine bemehlte Arbeitsfläche legen und kneten, bis er geschmeidig ist. Zum Laib formen und auf ein Blech mit Backpapier legen. Abgedeckt bei Zimmertemperatur ca. 1 Stunde gehen lassen. Der Teig sollte ordentlich aufgegangen sein.
6. Ofen auf 200 Grad vorheizen.
7. Den Laib im Ofen bei mittlerer Einschubhöhe 50 – 60 Minuten backen. Er sollte eine schöne Farbe annehmen und eine Kerntemperatur von ca. 98 Grad erreichen. Auf einem Gitter abkühlen lassen.

Hamburgerbrötchen mit weißen Bohnen

Es ist genial, luftig-leichte Hamburgerbrötchen im Gefrierschrank auf Vorrat zu haben. Auch als Hotdogbrötchen lecker. Das ist einfach nur eine „Formsache".

ca. 14 Hamburgerbrötchen

1 Dose gekochte weiße Bohnen (380 g, Abtropfgewicht ca. 230 g)
200 ml lauwarmes Wasser
12 g Hefe
2 EL Rapsöl
300 g Dinkelmehl oder Weizenmehl
2 EL Feinzucker
2 TL Salz
Ei zum Bepinseln
Sesam zum Bestreuen

Zubereitung:

1. Bohnen abgießen, abspülen und gut abtropfen lassen.
2. Mit dem Stabmixer Bohnen und Wasser glatt mixen. Hefe hinzufügen und erneut mixen, damit sie sich auflöst.
3. Bohnenflüssigkeit in eine Schüssel geben, Öl, Mehl, Zucker und Salz hinzufügen. Zu einem glatten Teig vermengen, er sollte leicht klebrig, aber mit den Händen bearbeitbar sein. Einige Minuten von Hand oder mit der Maschine kneten.
4. Abgedeckt bei Zimmertemperatur ca. 3 Stunden bis zur doppelten Größe aufgehen lassen.
5. Teig auf eine bemehlte Arbeitsfläche legen und in 14 Stücke teilen. Mit leicht bemehlten Händen zu Brötchen formen. Auf Bleche mit Backpapier legen. Abgedeckt bei Zimmertemperatur ca. 1 Stunde gehen lassen. Der Teig sollte ordentlich aufgegangen sein.
6. Ofen auf 225 Grad vorheizen.
7. Die Brötchen vorsichtig mit geschlagenem Ei bepinseln und Sesam darüberstreuen.
8. Im Ofen bei mittlerer Einschubhöhe ca. 15 Minuten backen, bis die Brötchen schön Farbe angenommen haben. Auf einem Gitter abkühlen lassen.

Helles Toastbrot

[GLUTENFREI]

Gekochte Kartoffeln machen dieses Toastbrot saftig und haltbar. Man kann es auch wunderbar aufschneiden und die Scheiben einfrieren. Dann einfach zum Frühstück herausnehmen und toasten.

1 Brot

140 g Haferflocken
400 ml kaltes Wasser
12 g Hefe
110 g Maisstärke
50 g Buchweizenmehl
1 TL Salz
1 EL Feinzucker (Streuzucker)
2 EL Rapsöl
1 EL Flohsamenschalen
75 g Kartoffeln, gekocht und kalt gerieben
Mohn oder Haferflocken zum Bestreuen

Zubereitung:

1. Haferflocken und Wasser mit dem Stabmixer glatt mixen. Hefe hinzufügen und erneut mixen, damit sie sich auflöst.
2. Das Haferflockenwasser in eine Schüssel geben. Maisstärke, Buchweizenmehl, Salz, Zucker und Öl hinzufügen. Alles zu einem glatten Teig vermengen. Beim Schlagen die Flohsamenschalen hinzufügen und glatt kneten.
3. Die geriebenen Kartoffeln unterheben und die Masse wieder glatt rühren.
4. Abgedeckt bei Zimmertemperatur 2–3 Stunden gehen lassen. Der Teig sollte ordentlich aufgegangen sein. Alternativ über Nacht im Kühlschrank gehen lassen.
5. Teig vorsichtig auf eine mit etwas Buchweizenmehl bedeckte Arbeitsfläche legen. Nicht kneten. Vorsichtig zum Laib formen und in eine eingefettete Brotform legen (ca. 1½ Liter) oder Kastenform (25 cm Länge). Mohn oder Haferflocken darüberstreuen. Abgedeckt ca. 30 Minuten gehen lassen.
6. Ofen auf 200 Grad vorheizen.
7. Im Ofen bei mittlerer Einschubhöhe 45–55 Minuten backen, die Kerntemperatur sollte 98 Grad betragen.
8. Das Brot 15 Minuten in der Form ruhen lassen, dann stürzen und auf einem Gitter abkühlen lassen.

Preiselbeervollkornbrot „My Way“

Ein Vollkornbrot mit Preiselbeeren kann viele Gesichter haben. Das hier ist meine Version. Eingeweichte Mungobohnen verleihen ihm leckeren Biss.

1 Brot
70 g getrocknete Mungobohnen
110 g Roggenvollkornmehl
240 g Dinkelmehl oder Weizenmehl
2 TL Natron
1 TL Salz
400 ml Joghurt (3 %)
120 g Preiselbeeren, tiefgefroren
100 ml dunkler Sirup

Zubereitung:

1. Mungobohnen abspülen und in eine Schüssel geben. Kochendes Wasser darübergießen, sodass sie bedeckt sind. Die Bohnen 1 Stunde ziehen lassen. Das Wasser abgießen und die Bohnen gut abtropfen lassen.
2. Ofen auf 200 Grad vorheizen.
3. Alle trockenen Zutaten in einer Schüssel mischen. Bohnen, Joghurt, Preiselbeeren und Sirup hinzufügen, alles zu einem glatten Teig verarbeiten.
4. Den Teig in eine eingefettete, leicht bemehlte Brotform (ca. 2 Liter) oder Kastenform (25 cm Länge) geben. Etwas Roggenmehl darüberstreuen.
5. Bei unterer Einschubhöhe ca. 1 Stunde im Ofen backen. Die Kerntemperatur sollte ca. 98 Grad betragen. Gegen Ende aufpassen und evtl. ein Blech auflegen, wenn das Brot zu dunkel wird.

Gebacken, gebraten und geröstet

SÄTTIGENDES MIT GEMÜSE

Gebackene Möhrengrütze mit Honiggranola

[GLUTENFREI]

Luxus zum Frühstück oder Brunch mit gebackener Möhrengrütze und knusprigem Granola-Topping. Auf Englisch heißt das Gericht „Baked Carrot Oats", das klingt natürlich viel cooler!

ca. 6 Portionen

175 g Haferflocken
½ TL Backpulver
1 TL Ingwer, gemahlen
1½ TL Zimt, gemahlen
½ TL Kardamom, gemahlen oder zerstoßen
½ TL Vanillezucker
½ TL Salz
2 Eier
400 ml Milch (3,5 %)
1 EL Honig
200 g Möhren, grob gerieben

Topping

50 ml Honig
2 EL Rapsöl
120 g gemischte Nüsse und Körner, z. B. Pekan- und Haselnüsse, Kürbis- und Sonnenblumenkerne, Hanfsamen und Mohn

Zubereitung:

1. Ofen auf 175 Grad vorheizen.
2. Alle trockenen Zutaten in einer Schüssel mischen.
3. Eier, Milch und Honig in einer zweiten Schüssel vermengen.
4. Eimasse und die geriebenen Möhren zur trockenen Mischung geben, alles gut mischen.
5. Die Zutaten für das Topping in einer Schüssel vermengen.
6. Die Hafermischung in eine eingefettete Ofenform geben, ca. 30 x 20 cm. Das Topping darüberbröseln.
7. Bei mittlerer Einschubhöhe ca. 30 – 40 Minuten backen, bis das Granola eine schöne Farbe zeigt.
8. Die gebackene Grütze schmeckt lauwarm am besten. Mit Beeren und Joghurt oder Hüttenkäse servieren.

Amerikanische Bohnenpfannkuchen

[GLUTENFREI]

Weiße Bohnen, Haferflocken und Eier, das ist die Basis für diese fluffigen Pfannkuchen. Am besten frisch gebacken mit Beeren und etwas Honig oder Ahornsirup genießen.

ca. 30 Pfannkuchen

1 Dose gekochte weiße Bohnen (380 g, Abtropfgewicht ca. 230 g)
3 Eier
70 g Haferflocken
100 ml Milch (3 %)
1½ TL Backpulver
1 Prise Vanillezucker
1 EL Feinzucker
1 TL Salz
2 EL Butter
evtl. zusätzliche Butter zum Braten
evtl. Blaubeeren, Sirup und geriebene Limettenschale zum Servieren

Zubereitung:

1. Bohnen abgießen, abspülen und gut abtropfen lassen.
2. Bohnen, Ei und Haferflocken mit dem Stabmixer glatt mixen.
3. Milch, Backpulver, Vanillezucker, Zucker und Salz hinzufügen, nochmals mixen. Den Teig 15 Minuten ruhen lassen.
4. Butter in einer Pfanne schmelzen lassen und in den Teig schlagen.
5. Kleine Pfannkuchen ausbacken, ca. 1–2 EL Teig pro Küchlein. Von Zeit zu Zeit eventuell etwas mehr Butter in die Pfanne geben. Die Pfannkuchen wenden, wenn die Ränder leicht gebräunt sind und der Teig Blasen wirft.
6. Lecker mit Blaubeeren, Sirup und evtl. geriebener Limettenschale.

Okonomiyaki mit Chilimayo

Mal eine ganz andere Art, Weißkohl zu essen. Probieren Sie doch die japanischen Kohlpfannkuchen Okonomiyaki mit Ingwer und Soja!
Und dazu gibt es Sriracha-Mayonnaise!

2–3 Portionen

350 g Weißkohl
180 g Weizenmehl
2 TL Backpulver
3 Eier
100 ml Gemüsebrühe
1 EL frischer Ingwer, gerieben
1 EL helle Sojasoße
1 TL Weißweinessig
3 EL Rapsöl
150 ml Mayonnaise
Sriracha-Soße
Frühlingszwiebelringe, gerösteter Sesam und Koriander zum Servieren

Zubereitung:

1. Weißkohl in feine Streifen schneiden, am besten mit dem Käsehobel.
2. Mehl, Backpulver, Eier, Brühe, Ingwer, Sojasoße und Weißweinessig in einer Schüssel zu einem glatten Teig schlagen.
3. Den Weißkohl unterheben.
4. 2 EL Öl in einer Pfanne mit ca. 24 cm Durchmesser erhitzen. Teig hineingeben und gleichmäßig verteilen. Auf mittlere Hitze zurückschalten, Deckel auflegen und 10 Minuten backen lassen.
5. Einen großen Teller auf die Pfanne legen und den Pfannkuchen daraufstürzen. Das restliche Öl in die Pfanne geben und heiß werden lassen. Den Pfannkuchen vom Teller wieder in die Pfanne gleiten lassen und die andere Seite mit aufgelegtem Deckel weitere 5–10 Minuten backen.
6. Die Mayonnaise mit der Sriracha-Soße abschmecken.
7. Frühlingszwiebel, Sesam und Koriander über den Pfannkuchen streuen und mit Chili-Mayonnaise servieren.

Süßkartoffelwaffeln mit Spinat

Knusprige Waffeln, die mit Süßkartoffeln und Spinat überraschen. Mit herzhaften Beilagen servieren. Wenn Sie die Waffeln mit Marmelade und Sahne genießen, lassen Sie den Spinat weg und geben eine Prise Zucker mit in den Teig.

ca. 12 Waffeln

90 g Weizenmehl

60 g Dinkelvollkornmehl oder Grahammehl

1 TL Backpulver

1 TL Salz

1 Prise Chiliflocken oder grob gemahlener schwarzer Pfeffer

2 Eier

100 ml Rapsöl

300 g Süßkartoffeln, fein gerieben

70 g Babyspinat

Pecorino und Spinatblätter zum Servieren

Zubereitung:

1. Weizenmehl, Dinkelvollkornmehl, Backpulver, Salz und Chiliflocken in einer Schüssel mischen.
2. Eier und Öl hineinschlagen. Geriebene Süßkartoffel und Spinat unterheben.
3. Ein Waffeleisen mit Öl oder geschmolzener Butter einpinseln und den Teig daraufklecksen, ca. 50 ml. Die Waffeln backen, bis sie eine schöne Farbe zeigen.
4. Sofort mit geriebenem Pecorino und Spinatblättchen servieren.

Kartoffeltortillas

[GLUTENFREI]

Meiner Meinung nach gibt es kaum ein besseres Tortillabrot! Der Teig aus geriebenen Kartoffeln und Buchweizenmehl lässt sich gut bearbeiten und richtig dünn ausrollen. Dabei darauf achten, dass die Arbeitsfläche ordentlich bemehlt ist.

12 Tortillabrote

600 g kalte, gekochte Kartoffeln, gerieben

225 g Buchweizenmehl

1 TL Salz

Die Abbildung zeigt das Brot mit gegrillten Blumenkohlspitzen, eingelegter roter Zwiebel, Miso-Mayonnaise, Limette und geröstetem Sesam.

Zubereitung:

1. Alle Zutaten in einer Schüssel zu einem Teig vermengen.
2. Den Teig zu einem Laib formen und in 12 Stücke teilen. Jedes Stück zu einer Kugel rollen.
3. Jede Kugel auf einer bemehlten Arbeitsfläche zu einer dünnen Tortilla ausrollen, ca. 15 cm Durchmesser.
4. Die Tortillas in einer Pfanne bei mittlerer bis hoher Hitze ein paar Minuten von jeder Seite ausbacken.
5. Die Tortillas eingeschlagen in ein Handtuch auf einem Teller aufbewahren. Am besten schmecken sie aber, wenn man sie sofort genießt!

Kartoffel-Tartelette mit süßer Zwiebel und Tomaten

[GLUTENFREI]

Übrig gebliebene, gekochte Kartoffeln sind für Pastetenteig ideal. Der Teig kann natürlich in einer Pastetenform gebacken werden.

2 Portionen

200 g gekochte, kalte Kartoffeln, fein gerieben

75 g Maismehl

50 g Butter

½ TL Salz

Ei zum Bepinseln

Füllung

2 gelbe Zwiebeln

5 frische Zweige Thymian (oder ½ TL getrockneter)

1 EL Butter

1 EL Olivenöl

1 Knoblauchzehe

Salz und frisch gemahlener schwarzer Pfeffer

100 g mittelalter Käse, gerieben

200 g Tomaten, gern bunt gemischt

Olivenöl

flüssiger Honig

Zubereitung:

1. Ofen auf 200 Grad vorheizen.
2. Geriebene Kartoffeln, Maismehl, Butter und Salz in der Küchenmaschine zu einem Teig verarbeiten. Den Teig herausnehmen und zur Kugel formen.
3. Den Teig auf einen mit Maismehl bedeckten Bogen Backpapier legen und zu einer runden Platte mit ca. 25 Zentimetern Durchmesser ausrollen. Er ist nicht elastisch, also nicht zu dünn ausrollen. Die Kanten rundum hochfalten.
4. Den Teig mit verquirltem Ei bepinseln.
5. Im Ofen bei mittlerer Einschubhöhe etwa 15 Minuten backen.
6. In der Zeit die Zwiebeln schälen und in Scheiben schneiden. Zwiebeln mit dem Thymian bei mittlerer Hitze in einer Pfanne in Butter und Öl glasig anschwitzen, ca. 10 Minuten. Den Knoblauch schälen und fein hacken, in den letzten Minuten mit anbraten. Mit Salz und Pfeffer abschmecken. Etwas abkühlen lassen.
7. Den Käse über den Mürbeteig streuen. Die Zwiebel darübergeben und mit Tomatenscheiben toppen. Etwas Öl und Honig obenauf ringeln.
8. Im Ofen bei mittlerer Einschubhöhe ca. 20–30 Minuten backen. Die Tartelette sollte eine schöne Farbe annehmen. Am besten schmeckt sie frisch gebacken!

Käsekuchen mit Kürbis

[GLUTENFREI]

Kürbis und Zucchini eignen sich ausgezeichnet für Käsekuchen. Ich nehme Kürbis wegen seiner schönen Farbe. Natürlich ist es etwas aufwendig, ihn zuerst zu backen oder zu kochen. Aber Kürbis aus dem Ofen schenkt dem Käsekuchen ein fülligeres Aroma und eine festere Konsistenz.

ca. 6 Portionen

250 g geschälter Kürbis in ca. 2 cm großen Stücken
45 g Feinzucker
3 EL Maisstärke
150 ml Milch (3,5 %)
100 ml Schlagsahne
2 Eier
1 Prise Salz
35 g Süßmandeln
2 – 3 Bittermandeln
Marmelade oder Beeren und Schlagsahne zum Servieren

Zubereitung:

1. Ofen auf 200 Grad vorheizen.
2. Den Kürbis im Ofen backen, bis er weich ist, ca. 25 – 30 Minuten. Abkühlen lassen. Dann mit dem Stabmixer glatt mixen.
3. Zucker, Maisstärke, Milch, Sahne, Eier, Salz und Kürbispüree in einer Schüssel mischen. Die Süßmandeln hacken und hinzufügen. Die Bittermandeln hineinreiben. Alles zu einem glatten Teig vermengen.
4. Den Teig in eine eingefettete Ofenform geben, ca. 20 x 10 cm.
5. In der Ofenmitte ca. 30 Minuten backen. Der Käsekuchen sollte in der Mitte gestockt sein.
6. Den Kuchen leicht abkühlen lassen. Mit Sahne und Beeren oder Marmelade servieren.

Brötchen, Bällchen, Kuchen und Muffins

SÜẞES MIT GEMÜSE

Gefüllte Kürbisbrötchen mit Zimt und Kardamom

Mit Kürbis im Teig werden diese Brötchen besonders saftig. Außerdem sind sie schön gelb, richtige Sonnenbrötchen! Ich backe den Kürbis vorher im Ofen. Das intensiviert seine Süße, und das Aroma bleibt erhalten.

ca. 25 Brötchen

400 g geschälter Kürbis, in Stücken
1 EL Rapsöl
1 TL Kardamomkapseln
25 g frische Hefe
200 ml Milch (3,5 %)
120 g Dinkelvollkornmehl
540 g Dinkelmehl oder Weizenmehl
½ TL Salz
60 g Feinzucker
zimmerwarme Butter

Füllung

100 g zimmerwarme Butter
90 g Feinzucker
1 EL Zimt, gemahlen
Ei zum Bepinseln
Kürbiskerne zum Bestreuen

Zubereitung:

1. Ofen auf 200 Grad vorheizen.
2. Kürbisstücke in eine Ofenform legen, Öl darüberringeln und die Stücke darin wenden. Ca. 25 Minuten bei mittlerer Einschubhöhe backen, bis der Kürbis weich ist. Herausnehmen und etwas abkühlen lassen.
3. Kardamomkapseln in einem Mörser zerstoßen.
4. Kürbis mit einem Stabmixer ganz glatt mixen. Hefe hinzufügen und erneut mixen, damit sie sich auflöst.
5. Kürbispüree, Milch, Mehlsorten, Salz, Zucker und Kardamom in der Küchenmaschine ca. 5–10 Minuten kneten.
6. Butter schrittweise hinzufügen und weiter kneten, bis der Teig glatt und geschmeidig ist. Abgedeckt bei Zimmertemperatur ca. 2 Stunden gehen lassen.
7. Butter, Zucker und Zimt für die Füllung vermengen.
8. Den Teig auf einer bemehlten Arbeitsfläche zu einer Platte ausrollen, ca. 25 x 25 cm. Die Füllung vorsichtig auf dem Teig verteilen. Die eine Hälfte des Teigs über die andere falten. Leicht mit dem Nudelholz rollen. In 1 Zentimeter breite Streifen schneiden. Jeden Streifen zur Brötchenschnecke aufrollen.
9. Die Brötchen auf ein Blech mit Backpapier legen. Abgedeckt ca. 1 Stunde gehen lassen. Die Brötchen sollten ordentlich aufgegangen sein.
10. Ofen auf 250 Grad vorheizen.
11. Die Brötchen mit geschlagenem Ei bestreichen und mit Kürbiskernen bestreuen. Bei mittlerer Einschubhöhe ca. 8 Minuten backen. Die Brötchen sollten eine schöne Farbe zeigen.
12. Auf einem Gitter abkühlen lassen.

Möhrenbiskuitrolle mit Zitronencreme

Das Beste aus zwei Kuchenwelten: Der Möhrenkuchen vereint sich mit der Biskuitrolle. Wenn Sie kein Natron im Haus haben, können Sie die Backpulvermenge verdoppeln. Der Kuchen wird dann nur etwas heller.

ca. 12 Stücke

2 Eier
180 g Feinzucker
120 g Weizenmehl
1 Prise Vanillezucker
1 TL Zimt, gemahlen
1 TL Ingwer, gemahlen
1 Prise Salz
1 TL Backpulver
1 TL Natron
50 ml Rapsöl
80 g Möhren, fein gerieben
Feinzucker, um den Kuchen darauf zu stürzen

Füllung

50 g Butter, zimmerwarm
90 g Puderzucker
1 Prise Vanillezucker
200 g Frischkäse
geriebene Schale von 1 Zitrone
1 EL frisch gepresster Zitronensaft
evtl. frische Minze

Zubereitung:

1. Ofen auf 225 Grad vorheizen.
2. Eier und Zucker mit dem Handrührgerät schaumig schlagen.
3. Die trockenen Zutaten in einer zweiten Schüssel vermengen. Die Mischung in das Ei-Zucker-Gemisch geben und vorsichtig mit einem Teigschaber unterheben. Öl und Möhren hinzufügen und alles zu einem glatten Teig verarbeiten.
4. Den Teig gleichmäßig auf einem Blech mit Backpapier verteilen.
5. Den Kuchen ca. 5 Minuten bei mittlerer Einschubhöhe im Ofen backen, bis er fertig ist.
6. Etwas Zucker auf einen Bogen Backpapier streuen.
7. Den Kuchen aus dem Ofen nehmen. Auf das gezuckerte Backpapier stürzen. Vorsichtig lösen, wenn der Kuchen am Backpapier haftet. Ganz abkühlen lassen.
8. Füllung: Butter mit dem Handrührgerät kurz schlagen. Zucker und Vanillezucker hinzufügen und 1 weitere Minute schlagen.
9. Frischkäse, Zitronenschale und -saft hinzufügen und alles zur luftigen Creme schlagen.
10. Die Füllung auf dem Kuchen verteilen. Zu einer Biskuitrolle rollen. Die Torte im Kühlschrank aufbewahren. Eine halbe Stunde vor dem Servieren herausnehmen und in Stücke schneiden.

Möhrenbällchen mit Kokos und Ingwer

[GLUTENFREI]

Möhren sind mein Lieblingsgemüse, deshalb standen sie für diese Energiebällchen mit Kokos und Ingwer sofort als Zutat fest.

ca. 15 Bällchen

80 g Möhren, fein gerieben
50 g Kokos, gerieben
200 g getrocknete Aprikosen
35 g Haferflocken
70 g Süßmandeln
1–2 TL frischer Ingwer, gerieben
1 TL Limettenschale, gerieben
½ EL Limettensaft, frisch gepresst
4 EL Kokosöl
geröstete Kokosflocken zum Wälzen

Zubereitung:

1. Alle Zutaten in der Küchenmaschine zu einer groben Masse vermengen.
2. Zu Kugeln formen und diese in Kokos wälzen. Die Bällchen im Kühlschrank aufbewahren oder einfrieren.

Schokokugeln mit Kaffee und Roter Bete

[GLUTENFREI]

Rote Bete, Kaffee und Schokolade – man höre und staune, aber das passt gut zusammen! Hier ein paar luxuriöse Schokokugeln nach Erwachsenengeschmack.

20 Kugeln

1½ EL gebrühter Espresso oder anderer starker Kaffee
40 g Rote Bete, fein gerieben
100 g Butter
90 g Feinzucker
2 EL Kakao
1 Prise Vanillezucker
85 g Haferflocken
1 Prise Salz
Kakaonibs, geriebenes Kokos oder gehackte Süßmandeln zum Wälzen

Zubereitung:

1. Den heißen Kaffee über die geriebene Rote Bete gießen und ca. 10 Minuten ziehen lassen.
2. Butter und Zucker schaumig schlagen. Kakao, Vanillezucker, Haferflocken, Salz und Rote Bete mit dem Kaffee hinzufügen und vermengen.
3. Zu Kugeln formen, diese in Kakaonibs, Kokos oder gehackten Süßmandeln wälzen.
   Ca. 30 Minuten in den Kühlschrank stellen.
   Die Kugeln im Kühl- oder Gefrierschrank aufbewahren.

Safranskorpa mit Kichererbsen

[GLUTENFREI]

Dieser Mandelzwieback erinnert ein bisschen an italienische Biscotti, superknusprig! Der Safran kann auch durch Kardamom, gemahlenen Ingwer oder ein paar geriebene Bittermandeln ersetzt werden.

30 Skorpa

1 Dose Kichererbsen, gekocht (380 g Abtropfgewicht ca. 230 g)
250 g Süßmandeln
75 g Kartoffelmehl
60 g Rohrzucker oder Feinzucker
2 Prisen Vanillezucker
1 Prise Salz
½ g Safran

Zubereitung:

1. Ofen auf 175 Grad vorheizen.
2. Bohnen abgießen, abspülen und gut abtropfen lassen.
3. 65 g Mandeln für ein paar Minuten in einer Pfanne anrösten.
   Etwas abkühlen lassen. In der Küchenmaschine grob hacken. Die Mandelmasse herausnehmen und zur Seite stellen.
4. Die restlichen Mandeln in der Küchenmaschine zu feinen Krümeln (wie Mandelmehl) mixen.
5. Kichererbsen, Kartoffelmehl, Zucker, Vanillezucker, Salz und Safran in die Küchenmaschine geben. Zu einem glatten Teig verarbeiten. Den Teig herausnehmen und die gehackten Mandeln hinzufügen.
6. Den Teig in drei Stücke teilen. Jedes Stück länglich formen und auf ein Blech mit Backpapier legen. Die Stücke abflachen, sodass sie ca. 3 Zentimeter breit sind.
7. Im Ofen bei mittlerer Einschubhöhe etwa 30 Minuten backen.
8. Herausnehmen und mit einem Teigschaber oder Messer zu schrägen „Skorpa" schneiden.
9. Den Ofen abschalten, das Blech wieder einschieben und die Skorpa in der Nachwärme ca. 1 Stunde trocknen lassen.

Schokokuchen mit Roter Bete und Mokkaglasur

Ein leckerer Schokoladenkuchen, der durch gekochte, geriebene Rote Bete schön saftig wird. Das Rezept kann auch für schwedische Schoko-Kokos-Schnitten in Rautenform verwendet werden (Kärleksmums).

12–14 Stücke
200 g Rote Bete, gekocht und geschält
125 g Butter
100 g dunkle Schokolade (ca. 70 %)
2 Eier
180 g Rohrzucker oder Feinzucker
120 g Weizenmehl
2 TL Backpulver
2 TL Kakao
1 Prise Salz

Glasur
50 g Butter
120 g Puderzucker
1½ EL Kakao
1½ EL starker Kaffee oder Espresso
2 EL geröstetes Kokos zum Bestreuen

FÜR SCHOKO-KOKOS-SCHNITTEN:
Der Kuchen kann auch als schwedische Schoko-Kokos-Schnitten, Kärleksmums, gebacken werden. Teig in eine Ofenform mit Backpapier geben (ca. 25 x 20 cm). Bei 225 Grad ca. 20 Minuten backen, bis er in der Mitte durchgebacken ist. Vor dem Bestreichen mit Glasur abkühlen lassen. Mit geröstetem Kokos bestreuen und in Rauten schneiden.

Zubereitung:
1. Ofen auf 200 Grad vorheizen.
2. Die gekochten Rote Beten fein reiben.
3. Butter in einem Topf schmelzen. Den Topf vom Herd nehmen, die Schokolade in Stücke brechen und zur Butter geben, schmelzen lassen.
4. Eier und Zucker in einer Schüssel schaumig schlagen.
5. Mehl, Backpulver, Kakao und Salz in einer zweiten Schüssel mischen. Die geriebenen Rote Beten hinzufügen und alles gut vermengen.
6. Die Schoko-Butter in die Eimasse geben und glatt rühren. Die Mehlmischung hinzufügen und alles zu einem glatten Teig verarbeiten.
7. Eine Kuchenform (ca. 22 cm Durchmesser) einfetten und mit geriebenem Kokos ausbröseln. Den Teig hineingeben.
8. Den Kuchen ca. 35 – 40 Minuten bei mittlerer Einschubhöhe im Ofen backen, bis er fertig ist. Mit einem Stäbchen prüfen, dass der Kuchen in der Mitte durchgegart ist. In der Form kurz abkühlen lassen, dann stürzen.
9. Butter für die Glasur schmelzen lassen. Puderzucker, Kakao und Kaffee hinzufügen und glatt rühren.
10. Den Kuchen umdrehen und auf einen Teller legen. Die Glasur auf den Kuchen gießen oder streichen. Geröstetes Kokos darüberstreuen.

Zucchinikuchen mit Mohn und Zitrone

[GLUTENFREI]

Ein saftiger Zitronenkuchen mit geriebener Zucchini. Und Mohn, den ich sehr liebe. Auf Englisch nennt man ihn Poppy Seeds. Vielleicht, weil die Samen so interessant aufplatzen, wenn man auf ihnen kaut?

ca. 12 Stücke

2 Eier
135 g Feinzucker
100 g Reismehl
55 g Maisstärke
1 EL Flohsamenschalen
1 Prise Vanillezucker
2 TL Backpulver
1½ EL Mohn
75 g Butter, geschmolzen und abgekühlt
1 TL geriebene Zitronenschale
½ EL frisch gepresster Zitronensaft
ca. 120 g Zucchini, fein gerieben
Butter und geriebenes Kokos oder Reismehl für die Form

Glasur

90 g Puderzucker
1 EL frisch gepresster Zitronensaft

Zubereitung:

1. Ofen auf 175 Grad vorheizen.
2. Ei und Zucker in einer Schüssel schaumig schlagen.
3. Reismehl, Maisstärke, Flohsamenschalen, Vanillezucker, Backpulver und Mohn in einer zweiten Schüssel vermengen.
4. Die Mehlmischung, Butter, Zitronenschale und -saft zur Eimasse geben und alles zu einem glatten Teig verarbeiten.
5. Die Zucchini hinzugeben (nicht vorher ausdrücken) und gleichmäßig unterheben.
6. Eine Brotform (1½ Liter) oder Kastenform (25 cm Länge) einfetten und mit geriebenem Kokos oder Reismehl ausbröseln. Den Teig hineingeben und bei mittlerer Einschubhöhe 30–40 Minuten im Ofen backen. Der Kuchen sollte in der Mitte gestockt sein, vorsichtig mit einem Stäbchen prüfen.
7. Vor dem Stürzen in der Form abkühlen lassen.
8. Evtl. Puderzucker und Zitronensaft zur Glasur mischen und über den Kuchen ringeln.

Amaretti-Plätzchen aus Kichererbsen

[GLUTENFREI]

Amaretti sind italienische Mandelplätzchen mit einem Schuss Likör. Ich habe ein bisschen experimentiert, das Eiweiß weggelassen, einen Teil der Mandeln gegen Kichererbsen ausgetauscht und drauflosgebacken. Das Ergebnis sprengte auf Anhieb alle Erwartungen – Plätzchen mit herrlich knusprigem Äußeren und leckerem Innenleben.

ca. 20 Plätzchen

70 g Kichererbsen, gekocht

2 EL Mandellikör oder frisch gepresster Orangensaft

150 g geriebene Mandeln

135 g Feinzucker

Zubereitung:

1. Ofen auf 200 Grad vorheizen.
2. Mit einem Stabmixer die Kichererbsen und Likör oder Saft glatt mixen.
3. Die Kichererbsenmasse in eine Schüssel geben, geriebene Mandeln und Zucker hinzufügen und alles zu einem Teig verarbeiten.
4. Den Teig zu ca. 20 Kugeln rollen und auf ein Backblech mit Backpapier legen. Leicht mit den Händen zu kleinen Plätzchen mit ca. 3 cm Durchmesser drücken.
5. Im Ofen bei mittlerer Einschubhöhe ca. 12 Minuten backen. Auf einem Gitter abkühlen lassen.

Salziger Lakritzklitschkuchen mit Himbeeren

[GLUTENFREI]

Kein Mensch kommt darauf, dass dieser Kuchen schwarze Bohnen enthält. Und natürlich funktioniert das Rezept auch ohne Lakritzpulver und Himbeeren, dann wird es ein einfacher Klitschkuchen.

ca. 12 Stück

1 Dose schwarze Bohnen, gekocht (380 g, Abtropfgewicht ca. 230 g)
3 Eier
50 g Kakao
2 Prisen Salz
2 TL Lakritzpulver
180 g Feinzucker
100 g geschmolzene Butter
75 g Himbeeren, tiefgefroren
1 Prise grobes Meersalz

Zubereitung:

1. Ofen auf 175 Grad vorheizen.
2. Bohnen abgießen, abspülen und gut abtropfen lassen.
3. Die Bohnen und 1 Ei in der Küchenmaschine glatt mixen. Die restlichen Eier, Kakao, Salz, Lakritzpulver, Zucker und Butter hinzufügen und alles zu einem glatten Teig schlagen.
4. Den Teig in eine eingefettete oder mit Backpapier ausgeschlagene Backform geben (ca. 15 cm Durchmesser oder 15 x 20 cm). Die Himbeeren darauf verteilen und leicht in den Teig drücken. Evtl. grobes Meersalz darüberstreuen.
5. Im Ofen bei mittlerer Einschubhöhe etwa 20 Minuten backen. Abkühlen lassen.

Blaubeer-Muffins mit weißen Bohnen

[GLUTENFREI]

Ich kann nur sagen: Überspringen Sie dieses Rezept auf keinen Fall! Wer hätte gedacht, dass weiße Bohnen so tolles Muffinmaterial sind!

ca. 10 Muffins

1 Dose weiße Bohnen, gekocht (380 g, Abtropfgewicht ca. 230 g)
50 g zerlassene Butter
90 g Feinzucker
3 Eier
1 TL Kardamomkapseln
110 g Hafermehl
1 EL Backpulver
1 Prise Salz
2 Prisen Vanillezucker
65 g Blaubeeren, tiefgefroren

EXTRA-GARNIERUNG:

50 g zimmerwarme Butter kurz mit dem Handrührgerät schlagen. 60 g Puderzucker und 1 Prise Vanillezucker hinzufügen, glatt rühren. 200 g Frischkäse dazugeben und nochmals einige Minuten zum fluffigen Frosting schlagen. Auf die Muffins spritzen oder klecksen. Blaubeer- oder Himbeerpulver darüberstreuen. Mit frischen Blaubeeren und eventuell Kräutern garnieren.

Zubereitung:

1. Ofen auf 225 Grad vorheizen. Bohnen abgießen, abspülen und gut abtropfen lassen.
2. Mit dem Stabmixer Bohnen und zerlassene Butter zu einem glatten Püree mixen.
3. Zucker und Eiweiß mit dem Handrührgerät schaumig schlagen.
4. Kardamomkapseln in einem Mörser zerstoßen.
5. Hafermehl, Kardamom, Backpulver, Salz und Vanillezucker separat in einer Schüssel mischen.
6. Die Bohnenbutter und die Mehlmischung zur Eimasse geben und alles zu einem glatten Teig verarbeiten.
7. Die Blaubeeren unterheben. Den Teig auf Muffinförmchen verteilen.
8. Bei mittlerer Einschubhöhe 12 Minuten im Ofen backen. Abkühlen lassen.

Rote-Bete-Kuchen Red Velvet

[GLUTENFREI]

Ich habe den amerikanischen Kuchen Red Velvet nie richtig verstanden. Ein Zuckerkuchen mit jeder Menge Lebensmittelfarbe, was soll das? Aber wenn man ihn mit Roter Bete zubereitet, ist das eine ganz andere Sache! Auch wenn eher der Teig rot wird, nicht das fertige Gebäck. Also muss man schon mit ein bisschen Lebensmittelfarbe nachhelfen, damit auch der Kuchen eine schöne rote Farbe bekommt.

ca. 12 Stücke

3 Eier
180 g Feinzucker
75 ml Rapsöl
80 g Rote Bete, fein gerieben
75 g geriebene Mandeln
38 g Kartoffelmehl
2 Prisen Vanillezucker
1 EL Backpulver
2 TL Flohsamenschalen
1 TL Zimt, gemahlen
1 TL Kardamom, gemahlen
1 TL Ingwer, gemahlen
1 Prise Salz
evtl. 1 TL rote Lebensmittelfarbe
Öl und geriebene Mandeln für die Form

Topping

200 g Frischkäse
90 g Puderzucker
1 EL frisch gepresster Zitronensaft
evtl. Preiselbeerpulver, gefriergetrocknet
Kräuter zum Bestreuen

Zubereitung:

1. Ofen auf 200 Grad vorheizen.
2. Eier und Zucker mit dem Handrührgerät schaumig schlagen.
3. Öl und die geriebene Rote Bete in die Eimischung geben und alles zu einem glatten Teig verarbeiten.
4. Alle trockenen Zutaten in einer Schüssel mischen. Die Mischung in den Teig geben und vorsichtig mit einem Teigschaber unterheben. Evtl. mit roter Lebensmittelfarbe einfärben.
5. Eine Ofenform mit Backpapier auskleiden, ca. 30 x 20 cm. Den Teig hineingeben. Oder eine Springform (ca. 24 cm Durchmesser) einfetten, mit geriebenen Mandeln ausbröseln und den Teig einfüllen.
6. Im Ofen bei mittlerer Einschubhöhe ca. 25 Minuten backen, bis der Kuchen fertig ist. Mit einem Stäbchen prüfen, der Kuchen sollte in der Mitte durchgebacken sein. In der Form abkühlen lassen.
7. Alle Zutaten für das Topping mit dem Handrührgerät einige Minuten schlagen, sodass sie luftig und stabil werden. Auf dem Kuchen verteilen. Evtl. Preiselbeerpulver darüberstreuen und mit Kräutern garnieren.

Mandelkuchen mit gesalzenen Mandeln

[GLUTENFREI]

Der schwedische „Kronans Kaka" mit geriebenen Mandeln und gekochten Kartoffeln ist ein Klassiker. Hier eine üppigere Variante, die mit gesalzenen Mandeln garniert wird.

ca. 12 Stücke

100 g Butter, zimmerwarm

135 g Feinzucker

3 kleine Eier

80 g geriebene Mandeln

1 Prise Salz

1 TL Backpulver

175 g gekochte Kartoffeln, kalt und gerieben

2 Bittermandeln, fein gerieben

75 g gesalzene Süßmandeln, grob gehackt (oder ungesalzene + 2 Prisen grobes Meersalz)

Der Kuchen auf der Abbildung wurde mit der halben Teigmenge in einer kleineren Form gebacken.

Zubereitung:

1. Ofen auf 200 Grad vorheizen.
2. Butter und Zucker mit dem Handrührgerät schaumig schlagen.
3. Eier beim Schlagen schrittweise in die Buttermasse geben.
4. Geriebene Mandeln, Salz, Backpulver, geriebene Kartoffeln und Bittermandeln hinzufügen. Alles zu einem glatten Teig verrühren.
5. Den Teig in eine Springform geben (ca. 24 cm Durchmesser). Die grob gehackten Mandeln darüberstreuen.
6. Im Ofen bei mittlerer Einschubhöhe 25–30 Minuten backen, bis der Kuchen fertig ist. Mit einem Stäbchen in der Mitte prüfen, es sollte kein Teig daran haften.

Grüne Kokosspitzen mit Limette

[GLUTENFREI]

Es wäre eine Lüge, zu behaupten, dass diese Gebäckspitzen gesünder werden, nur weil man ein bisschen Grünzeug hineingibt. Es macht aber auf jeden Fall Riesenspaß, grüne Kokosspitzen mit ganz natürlichem Farbstoff zu backen.

ca. 15 Kokosspitzen

300 g Kokosraspeln
35 g Feldsalat
50 g Butter, zerlassen
90 g Feinzucker
2 Eier
geriebene Schale von 1 Limette
evtl. geschmolzene Schokolade zum Eintauchen

Zubereitung:

1. Ofen auf 175 Grad vorheizen.
2. Kokos und Salat mit dem Mixer zu einem grünen Brei mixen.
3. Butter, Zucker, Eier und Limettenschale hinzufügen. Zu einem Teig verarbeiten. 10 Minuten ruhen lassen.
4. Den Teig zu ca. 15 Spitzen formen und diese auf ein Blech mit Backpapier setzen.
5. Im Ofen bei mittlerer Einschubhöhe ca. 15 Minuten backen. Auf einem Gitter abkühlen lassen.
6. Nach Wunsch die Unterseiten der Spitzen in flüssige Schokolade eintauchen.

Bohnenmuffins mit Schokolade

[GLUTENFREI]

Warum mit Mehl backen, wenn es mit Bohnen genauso gut klappt? Das fragt man sich manchmal schon – wie bei diesen Muffins: lecker, saftig und himmlisch gut ohne einen einzigen Krümel Mehl.

8–10 Muffins

3 Eier
120 g Rohrzucker oder Feinzucker
1 Dose schwarze Bohnen, gekocht (380 g, Abtropfgewicht ca. 230 g)
75 g Butter
60 g Kakao
1½ TL Backpulver
½ TL Vanillezucker

Zubereitung:

1. Ofen auf 225 Grad vorheizen.
2. Eier und Zucker mit dem Handrührgerät ca. 5 Minuten schaumig schlagen.
3. Bohnen abgießen, abspülen und gut abtropfen lassen.
4. Butter zerlassen. Die Bohnen mit der zerlassenen Butter ganz glatt mixen, am besten mit dem Stabmixer.
5. Kakao, Backpulver, Salz und Vanillezucker in einer Schüssel mischen. Die Kakaomischung und das Bohnenmus unter die Eimasse rühren und zu einem glatten Teig verarbeiten.
6. Ein Muffinbackblech mit Backpapierstücken auslegen oder Papierförmchen auf ein Blech stellen.
7. Den Teig in die Förmchen spritzen oder mit zwei Löffeln hineinklecksen.
8. Ca. 15 Minuten im Ofen backen.

Rezeptverzeichnis

Welche Gemüse haben Sie im Haus?

Herausgegeben von Bonnier Fakta
Originaltitel BAKA MED GRÖNSAKER

2. Auflage, 2022

Übersetzung: Elke Adams, Köln | Fotos: Lennart Welbull | Grafik und Illustration: Patric Leo, Pontus Dahlström

ISBN 978-3-7843-5710-2